LAS PAREDES OYEN

Libros a la carta
Partiendo de nuestro respeto a la integridad de los textos originales, ofrecemos tam
bién nuestro servicio de «Libros a la carta», que permite -bajo pedido- incluir en futuras ediciones de este libro prólogos, anotaciones, bibliografías, índices temáticos, fotos y grabados relacionados con el tema; imprimir distintas versiones comparadas de un mismo texto, y usar una tipografía de una edición determinada, poniendo la tecnología en función de los libros para convertirlos en herramientas dinámicas.
Estas ediciones podrán además tener sus propios ISBN y derechos de autor.

JUAN RUIZ DE ALARCON

LAS PAREDES OYEN

BARCELONA **2007**
WWW.LINKGUA.COM

Créditos

Título original: *Las paredes oyen*.

© 2007, Linkgua ediciones S.L.

08011 Barcelona.
Muntaner, 45 3º 1ª
Tel. 93 454 3797
e-mail: info@linkgua.com

Diseño de cubierta: Linkgua S.L.

ISBN: 978-84-9816-305-6.

Quedan rigurosamente prohibidas, sin la autorización escrita de los titulares del *copyright*, bajo las sanciones establecidas en las leyes, la reproducción total o parcial de esta obra por cualquier medio o procedimiento, comprendidos la reprografía y el tratamiento informático, y la distribución de ejemplares de la misma mediante alquiler o préstamo públicos.

Las bibliografías de los libros de Linkgua son actualizadas en: www.linkgua.com

SUMARIO

Presentación	9
JORNADA PRIMERA	11
JORNADA SEGUNDA	55
JORNADA TERCERA	95

PRESENTACION

La vida

Juan Ruiz de Alarcón y Mendoza (1581-1639). México.
Nació en México y vivió gran parte de su vida en España. Era hijo de Pedro Ruiz de Alarcón y Leonor de Mendoza, ambos con antepasados de la nobleza. Estudió abogacía en la Real y Pontificia Universidad de la Ciudad de México y a comienzos del siglo XVII viajó a España donde obtuvo el título de bachiller de cánones en la Universidad de Salamanca. Ejerció como abogado en Sevilla (1606) y regresó a México a terminar sus estudios de leyes en 1608.
En 1614 volvió otra vez a España y trabajó como relator del Consejo de Indias. Era deforme (jorobado de pecho y espalda) por lo que fue objeto de numerosas burlas de escritores contemporáneos como Francisco de Quevedo, que lo llamaba "corcovilla", Félix Lope de Vega y Pedro Calderón de la Barca.

Las paredes oyen es una expresión procedente de la Francia de la segunda mitad del siglo XVI. Segun cuenta la historia, Catalina de Médicis hizo construir conductos acústicos en las paredes de sus palacios, para oír lo que se hablaba en las otras habitaciones y así saber si se conspiraba en su contra.
Esta pieza homónima cuestiona la mentira patológica y la maledicencia compulsiva del personaje de don Juan, quien para conquistar a Ana pretende injuriarla. Mientras, el virtuoso don Mendo en quien algunos han visto al propio autor, observa despechado los acontecimientos.
Don Mendo, doña Ana, Beltrán y el Conde aparecen en otras obras de Ruiz de Alarcón como *La prueba de las promesas, El examen de maridos, El tejedor de Segovia, Los pechos privilegiados, Ganar amigos* y *La verdad sospechosa*.
La comedia tiene un trasfondo astrológico. Los planetas y signos evocados en el texto marcan un entorno mitológico y celestial regido por la Fortuna.

Personajes:

Beltrán, gracioso
Celia, criada
Cuatro arrieros
Don Juan, galán
Don Mendo, galán
Doña Ana, dama viuda
Doña Lucrecia, dama
El Conde, galán
El Duque, galán
Fabio, criado del duque
Leonardo, criado
Marcelo, criado del duque
Ortiz, escudero
Otro Escudero
Una Mujer

JORNADA PRIMERA

(Salen don Juan, vestido llanamente, y Beltrán.)

Juana
    Tiéneme desesperado,
Beltrán, la desigualdad,
si no de mi calidad,
de mis partes y mi estado.
    La hermosura de doña Ana,
el cuerpo airoso y gentil
bella emulación de abril,
dulce envidia de Diana,
    mira tú, ¿cómo podrán
dar esperanza al deseo
de un hombre tan pobre y feo
y de mal talle, Beltrán?

Beltrán
    A un Narciso cortesano,
un humano serafín
resistió un siglo, y al fin
la halló en brazos de un enano,
    y, si las historias creo
y ejemplos de autores graves
—pues, aunque sirviente, sabes
que a ratos escribo y leo—
    me dicen que es ciego Amor,
y sin consejo se inclina;
que la emperatriz Faustina
quiso un feo esgrimidor;
    que mil injustos deseos,
puestos locamente en ella,
cumplió Hipia, noble y bella,
de hombres humildes y feos.

Juana	Beltrán, ¿para qué refieres
	comparaciones tan vanas?
	¿No ves que eran más livianas
	que bellas esas mujeres,
	y que en doña Ana es locura
	esperar igual error,
	en quien excede el honor
	al milagro de hermosura?
Beltrán	¿No eres don Juan de Mendoza?
	Pues doña Ana ¿qué perdiera
	cuando la mano te diera?
Juana	Tan alta fortuna goza,
	que nos hace desiguales
	la humilde en que yo me veo.
Beltrán	Que diste en el punto, creo,
	de que proceden tus males.
	Si Fortuna en tu humildad
	con un soplo te ayudara,
	a fe que te aprovechara
	la misma desigualdad.
	Fortuna acompaña al dios
	que amorosas flechas tira;
	que en un templo los de Egira
	adoraban a los dos.
	Sin riqueza ni hermosura
	pudieras lograr tu intento;
	siglos de merecimiento
	trueco a puntos de ventura.
Juana	Eso mismo me acobarda.
	Soy desdichado, Beltrán.

Beltrán	Trocar las manos podrán Fortuna y Amor. Aguarda.
Juana	Si a don Mendo hace favor, ¿qué esperanza he de tener?

Beltrán	En ése echarás de ver
	que es todo fortuna amor.
	  A competencia lo quieren
	doña Ana y doña Teodora;
	doña Lucrecia lo adora;
	todas, al fin, por él mueren.
	  Jamás el desdén gustó.

Juana	Es bello y rico el mancebo.
Beltrán	¡Cuánto mejor era Febo! Y Dafnes lo desdeñó. Y, cuando no conociera otro en perfección igual, aquesto de decir mal ¿es defecto como quiera?
Juana	Y ¿no es eso murmurar?
Beltrán	Esto es decir lo que siento.
Juana	Lo que siente el pensamiento no siempre se ha de explicar.
Beltrán	Decir...
Juana	Que calles te digo;

y ten por cosa segura
que tiene, aquél que murmura,
en su lengua su enemigo.

Beltrán   Entre tus desconfianzas,
en su casa entrar te veo;
sin duda que el gran deseo
engaña tus esperanzas.
   Veste en desierto lugar,
y no cesas de dar voces,
y, aunque tu muerte conoces,
nadas en medio del mar.

Juana   Lo que en gran tiempo no ha hecho,
hace Amor en solo un día,
venciendo al fin la porfía.

Beltrán   Que te sucede sospecho
   lo que al tahúr, que en perdiendo,
solamente con decir:
«¡que no sepa yo gruñir!»
está sin cesar gruñendo.
   Tú dices que desesperas;
y, entre el mismo no esperar,
nunca dejas de intentar.
¿Qué más haces cuando esperas?
   ¿Tú piensas que el esperar
es alguna confección
venida allá del Japón?
El esperar es pensar
   que puede al fin suceder
aquello que se desea;
y, quien hace porque sea,
bien piensa que puede ser.

(Juan saca una carta.)

Juana
        Pues si con esta invención
        en su desdén no hay mudanza,
        aunque viva mi esperanza
        morirá mi pretensión.

Beltrán
        El mercader marinero,
        con la codicia avarienta,
        cada viaje que intenta
        dice que será el postrero.
          Así tú, cuando imagino
        que desengañado estás,
        ya con nuevo intento vas
        en la mitad del camino.
          Mas dime. ¿Qué te ha obligado
        a tratar esta invención
        para mostrar tu afición
        pudiendo, con un criado
          de su casa, negociar
        lo que tú vienes a hacer?

Juana
        No he de arriesgarme a ofender
        a quien pretendo obligar;
          que, como es tan delicada
        la honra, suele perderse
        solamente con saberse
        que ha sido solicitada.
          Y así, del murmurador
        pretendo que esté segura
        mi desdicha o mi ventura,
        su flaqueza o su valor;
          que aun a ti mismo callado

	estos intentos hubiera,
	si en ti, Beltrán, no tuviera
	más amigo que cesado.

Beltrán   ¿Toda esta casa, don Juan,
             a una mujer aposenta?

Juana   Seis mil ducados de renta,
             ¿qué alcázar no ocuparán!

Beltrán   Celia es ésta.

(Sale Celia.)

Celia   ¿Qué mandáis,
             señor don Juan?

Juana   Celia mía,
             besar las manos querría,
             si licencia me alcanzáis,
                a mi señora doña Ana.

Celia   Que será imposible entiendo;
             porque se está previniendo
             para partirse mañana
                a una novena en Alcalá.

Juana   ¿De la corte se desvía
             cuando el celebrado día
             de San Juan tan cerca está?

Celia   Para los tristes no hay fiesta.

Juana   Pues, Celia, verla me importa.

	La visita será corta;
	sólo le quiero dar ésta
	que le ha venido en un pliego,
	y me dice quien la envía
	que sólo de mí confía
	el darla.
Celia	Yo salgo luego.

(Vase Celia.)

Beltrán	No hay pobre con calidad:
	si un villano rico fueras,
	a fe que nunca tuvieras
	en verla dificultad.
Juana	Si ella está tan de camino,
	que es justa la excusa creo.
Beltrán	«Lo que con los ojos veo...»
Juana	Malicioso desatino.
Beltrán	¿Cuánto va que no la ves?
Juana	De no alcanzar no se ofende
	quien lo difícil emprende.
	Mas doña Ana es muy cortés.
Beltrán	Y agora ¿qué hemos de hacer?
	Que ella se parte a Alcalá.
Juana	En tanto que ausente está,
	aguardar y padecer

Beltrán   Bueno fuera acompañarla.

Juana   Si como quien soy pudiera,
            forzoso el hacerlo fuera,
            si así entendiese obligarla;
               mas ni me ayuda el poder.
            ni ella lo agradecería,
            por la nota que daría
            si se llegase a entender,

Beltrán   Ella sale.

Juana   Di, Beltrán,
            que la Aurora bella y clara.

(Salen Doña Ana, viuda, y Celia, y habla a Celia aparte.)

Ana   ¡Ay, Celia, y qué mala cara
            y mal talle de don Juan!

Juana   Aunque me dijo, señora,
            Celia vuestra ocupación
            —Con que fuera más razón
            el no estorbaros agora—,

(Dale la carta.)   la importancia contenida
            en esta carta que os doy,
            me disculpa.

Ana   Nunca estoy,
            señor don Juan, impedida
               para recibir merced
            de tan noble caballero.

Juana	Vuestro soy. Respuesta espero. Si sois servida, leed.
Ana	Ser descortés me mandáis.
Juana	Leed, que importa una vida que cerca está de perdida si remedio no le dais.
Ana	Si está su defensa en mí, la pena y temor dejad.
Juana	El caso es grave. Mandad que estemos solos aquí; que tenemos que tratar, y el secreto es importante.
Ana	Dejadnos solos.
Beltrán (Aparte.)	(Amante fue el inventor de engañar.)

(Vanse Beltrán y Celia.)

Juana	Pues contigo solo estoy, porque mi recato veas,

(Va a leer doña Ana, y detiénela.)

oye, señora: no leas;
que la carta viva soy.
 Que me atreva, no te altere,
pues estoy solo contigo,
y un agravio sin testigo

al punto que nace muere.
   Desde que la vez primera
vi la luz de tu arrebol
dos veces la ha dado el sol
a los signos de su esfera.
   Como al que el rayo tocó
de Júpiter vengativo,
por gran tiempo muerto, vivo
en un instante quedó;
   como aquel que la cabeza
de la Gorgona miraba,
por un peñasco trocaba
la humana naturaleza;
   tal en viéndote me veo,
tan absorto y admirado,
que en admirarme ocupado,
no doy lugar al deseo;
   que esos divinos despojos
tanta gloria me mostraron,
que al punto me arrebataron
toda el alma por los ojos.

Ana	Tened, don Juan. Eso ¿para todo en que amor me tenéis?
Juana	No, porque ya lo sabéis, y en vano el tiempo gastara.
Ana	¿En que os morís?
Juana	No, señora, pues ni en morir parará; que en el alma vivirá el amor que os tengo agora.

Ana	¿Para en pedirme que os quiera?
Juana	Ni llega, señora, ahí, que no hay méritos en mí para que a tal me atreviera.
Ana	Pues decid lo que queréis.

Juana	Quiero... Sólo sé que os quiero, y que remedio no espero, viendo lo que merecéis.
	  Como el mísero doliente, en el lecho fatigado, a cualquier parte inclinado los mismos dolores siente.
	  y, por huir del tormento, que en cada lado es mayor, busca alivio a su dolor en el mismo movimiento.
	  Así yo con mi cuidado vengo a vos, dueño querido, no de esperanza inducido, sino de dolor forjado,
	  por no morir con callarlo, no por sanar con decirlo; que es imposible el sufrirlo como lo es el remediarlo.
	  Y así, no os ha de ofender que me atreva a declarar, pues va junto el confesar que no os puedo merecer.

Ana	¿Queréis más?

Juana	¿Qué más que a vos? Si entender queréis mi estado, en que os quiero está cifrado.
Ana	Pues, señor don Juan, adiós.
Juana	Tened. ¿No me respondéis? ¿De esta suerte me dejáis?
Ana	¿No habéis dicho que me amáis?
Juana	Yo lo he dicho, y vos lo veis.
Ana	¿No decís que vuestro intento no es pedirme que yo os quiera, porque atrevimiento fuera?
Juana	Así lo he dicho y lo siento.
Ana	¿No decís que no tenéis esperanza de ablandarme?
Juana	Yo lo he dicho.
Ana	¿Y que igualarme en méritos no podéis, vuestra lengua no afirmó?
Juana	Yo lo he dicho de ese modo.
Ana	Pues, si vos lo decís todo, ¿qué queréis que os diga yo?

(Vase doña Ana.)

Juana   ¡Oh! venga la muerte, acabe
con vida tan desdichada,
que sólo puede su espada
remediar pena tan grave.
¿Qué delito cometí
en quererte, ingrata fiera?
¡Quiera Dios!... Pero no quiera;
que te quiero más que a mí.

(Salen Celia y Beltrán.)

Celia   ¡Ah, desdichado don Juan!

Beltrán   Ayúdale.

Celia   ¡A Dios pluguiera
que mi voluntad valiera!

(Vase Celia.)

Beltrán   Pues, ¿qué tenemos?

Juana   Beltrán,
la verdad huyo; a la esperanza
pido engaños que alimenten mi deseo;
eternos contra mí imposibles veo;
nado en un golfo, ni de un leño asido.
  Con el vuelo de amor más atrevido,
no subo un paso; y aunque más peleo,
al fin vencido soy de lo que creo,
vencedor sólo en lo que soy vencido.
  Así, desesperado victorioso,

      niego al deseo engaños, y a la gloria
      más vivo anhela, si su muerte sigo.
       ¡Triste, donde es el no esperar forzoso,
      donde el desesperar es la vitoria,
      donde el vencer da fuerza al enemigo!

Beltrán   ¡Triste, donde es forzoso andar contigo,
      donde hallar qué comer es gran vitoria,
      donde el cenar es siempre de memoria!

(Vanse don Juan y Beltrán. Salen el Conde, don Mendo y Ortiz, escudero.)

Mendo   A mi señora Lucrecia
      dad, Ortiz, ese papel.

(Dale un papel a Ortiz.)

Ortiz   Guárdeos Dios.

(Vase Ortiz.)

Mendo   Cosa cruel.
      Conde, es una mujer necia.

Conde   ¿Cómo?

Mendo   Con celos y amor
      sale Lucrecia de sí.

Conde   ¿Con causa don Mendo?

Mendo   Sí;
      mas tanto el yerro es mayor.
       Si por doña Ana estoy ciego.

| | ella ¿qué ha de remediar
con reñir y con celar,
sino añadir fuerza al fuego? |
|---|---|
| Conde (Aparte.) | (¡Quieran, Lucrecia, los cielos
que te mude esta mudanza,
y a mi perdida esperanza
abran la puerta tus celos!)
  Y vos ¿qué le respondéis? |
| Mendo | Nunca el negar hizo daño. |
| Conde | Mejor fuera el desengaño,
si en otra parte queréis. |
| Mendo | Dañarme, Conde, podría;
que su amor causó en mi pecho
terrible incendio, y sospecho
que hay centellas todavía.
  Y quien antiguo cuidado
arraigado al alma tiene,
ha de obligar el que viene
sin despedir el pasado;
  que mil veces se agradó
de la novedad Cupido,
y vuelve a buscar, rendido,
lo que arrogante dejó. |
Conde	Avariento sois de amor.
Mendo	Más el de doña Ana estimo.
Conde	Y ella ¿os quiere?

Mendo   Pienso, primo,
que merezco su favor.

Conde   ¿Que hay de Teodora?

Mendo   Quería
que yo fuese su marido,
como si hubieran nacido
mis abuelos en Turquía.

Conde   Sin ser loca, yo no creo
que ninguna mujer pida
la esclavitud de una vida
por la muerte de un deseo.

Mendo   Pues ya, después que mi amor
sacó pies amedrentado,
en ella crece el cuidado
y, al paso de él, mi rigor.
   Ya, sin esa condición,
estimara mis favores.

Conde   Dichoso sois en amores.

Mendo   En el signo de León,
   Marte y Venus concurrieron
de mi nacimiento el día;
y, si hay cierta astrología,
ellos amable me hicieron.
   Mas, adiós primo, que es tarde
y a doña Ana quiero ver;
que hoy su sol se va a poner
en Alcalá.

Conde	Dios os guarde.

(Vase el Conde. Sale Leonardo.)

Leonardo	El coche a la puerta está; que ya se parte imagino.
Mendo	Tenme el coche de camino a la puerta de Alcalá. Parta al punto el repostero y encárgales, por mi vida, que esté a punto la comida en la venta de Vivero. Haz cómo doña Ana vea en mi prevención mi amor.
Leonardo	Toda tu gente, señor, su vida en tu gusto emplea.

(Vanse don Mendo y Leonardo. Salen doña Ana, de camino, y Celia.)

Ana	¿De qué vas triste? ¿De qué lo van todas mis doncellas? Habla, dime sus querellas.
Celia	Señora, verdad diré, pues obligación me pones. Tienen tus criadas todas en la esperanza sus bodas y en la corte sus pasiones; y, como de aquí a seis días es la noche de San Juan —cuando los amantes dan indicios de sus porfías—

| | sienten el ver que esa noche
en la corte no han de estar. |
|-------|---|
| Ana | Pues pierdan, Celia, el pesar;
que, por la posta, en un coche
   conmigo entonces vendrán.
Porque se alegre mi gente
gozaré secretamente
de la noche de San Juan,
   y volveréme a la aurora
a proseguir mis novenas. |
| Celia | Alivie el cielo tus penas.
Mas ¿no era mejor, señora,
   dilatar esta partida? |
| Ana | Si sabes que estoy muriendo
por dar la mano a don Mendo,
y no hay cosa que lo impida
   sino el cumplir las novenas
que a San Diego prometí,
¿dilataré, estando así,
el remedio de mis penas?
   Con esta trata que doy
ninguna queda quejosa. |
| Celia | Hágate el cielo dichosa.
A darles la nueva voy. |
| Ana | Encárgales, por mi vida,
el secreto. |
| Celia | Así lo haré.
Don Mendo viene. |

(Vase Celia.)

Ana 　　　　　　　　　Tendré
　　　　　buen agüero en la partida.

(Sale don Mendo, de color.)

Mendo 　　　　Los campos de Alcalá, bella señora,
　　　　　desdeñan los favores del verano,
　　　　　y de la fértil Flora
　　　　　no solicitan ya la diestra mano,
　　　　　después que primaveras les reparte
　　　　　la dichosa esperanza de mirarte.
　　　　　　Los arroyos —que esperan ser espejos
　　　　　en quien de esos dos soles celestiales
　　　　　se miren los reflejos—
　　　　　transforman sus corrientes en cristales;
　　　　　y el agua, en cambio de besarlos, grata
　　　　　hace a tus blancos pies puente de plata.
　　　　　　Al nuevo sol que nace agradecidas,
　　　　　en verdes ramos las cantoras aves,
　　　　　a coros divididas,
　　　　　dando a los vientos músicas suaves,
　　　　　para explicar la gloria de este día
　　　　　articular intentan su armonía.
　　　　　　Parte ¡o feliz! que el céfiro suave
　　　　　lisonjear pretende codicioso
　　　　　la rodadora nave,
　　　　　de nueva Europa Júpiter dichoso,
　　　　　por quien, en Indias vuelto Manzanares,
　　　　　España de sus glorias hace a Henares.
　　　　　　Parte ¡o primero móvil adorado!,
　　　　　de quien siguiendo voy el movimiento,

	si bien arrebatado —pues tras mi centro corro—, no violento, que yo, si lo merezco, gloria mía, voy a ser el lucero de ese día.
Ana	Los campos de esperanza matizados, la consonancia dulce de las aves, los cristales cuajados, las lisonjas del céfiro suaves, en nada estimo; y estimara sólo llevar por mi lucero al mismo Apolo. Mas, cuando el corazón lo solicita, forzosa acción de amor correspondiente, ni el honor acredita, ni el estado que tengo lo consiente.
Mendo	Es imán de mis ojos tu presencia.
Ana	Justo efecto de Amor es la obediencia.
Mendo	¿Sin ti quieres dejarme?
Ana	Yo, don Mendo, parto sin ti.
Mendo	¿Qué mucho? Vas helada cuando yo quedo ardiendo.
Ana	¡Segura fuese yo, como abrasada!
Mendo	No me apartes de ti si desconfías.
Ana	Vive el recato entre las ansias mías.

Mendo	¿No me llamas tu dueño?
Ana	Y de mis ojos, cierta lengua del alma, lo has sabido.
Mendo	¿De quién temes enojos, cuando te adoro yo, de ti querido?
Ana	Hasta el «sí» conyugal temo mudanza; que no hay dentro del mar cierta bonanza. En tanto que a mis deudos comunico la dichosa elección de vuestra mano, y devota suplico en Alcalá a su dueño soberano que lleve a fin feliz mi intento nuevo, y las novenas pago que le debo, puede mudarse vuestro amor ardiente y quedar mi opinión en opiniones del vulgo maldiciente, que a lo peor aplica las acciones.
Mendo	¿Mudarme yo?
Ana	Temores son de amante.
Mendo	Más parecen cautelas de inconstante. Si ya nuevo cuidado te fatiga, el fingido recato, ¿qué pretende? Declárate, enemiga. No el desengaño, la mudanza ofende. Vete segura. Ocuparé entre tanto el alma en celos y la vida en llanto.
Ana	Ofendes mi lealtad si desconfías;

	mas porque de tu error te desengañes,
	pon secretas espías,
	prueba mi fe, como mi honor no dañes.

Mendo   Confianza tendré, mas no paciencia,
            contra el rigor, señora, de tu ausencia.

(Sale Celia.)

Celia   Doña Lucrecia, señora,
            viene a visitarte.

Ana   ¿Quién?

Celia   Tu prima.

Mendo (Aparte.)   (A impedir mi bien
            la trae mi desdicha agora.)

(Sale doña Lucrecia, con manto, y Ortiz.)

Lucrecia   No quise, prima, dejar
            de verte en esta partida.

Ana   Ni yo, Lucrecia querida,
            me partiera sin pasar
              por tu casa, porque el ver
            al pasar tu rostro hermoso,
            fuese presagio dichoso
            del viaje que he de hacer.

(Doña Lucrecia habla aparte a don Mendo.)

Lucrecia   Niégame agora, traidor,

	las verdades que estoy viendo.
Ana	¿Qué le dices a don Mendo?
Lucrecia	Del vestido de color le pregunto la ocasión; porque de irte a acompañar lo indicia el tiempo y lugar, y fuera galante acción.
Ana	Tan alto merecimiento con mi humildad no conviene, y, más que lisonja, tiene malicia ese pensamiento. Mas, si conmigo partiera, de parecer, prima, soy, que, pues yo de negro voy, de color no se vistiera.
Celia	Ya bien te puedes partir, que los coches han venido.
Ana	Que no me olvides te pido.
Lucrecia	Por puntos te he de escribir.
Ana	Adiós, don Mendo.
Mendo	Señora, en el coche os dejaré.
Ana	Si alguno en la calle os ve, sospechará lo que agora ha sospechado mi prima.

	Quedaos y salid después.
Mendo	Yo obedezco, y vuestros pies
sigue el alma que os estima.

(Vanse doña Ana y Celia. Saca un papel Lucrecia y muéstraselo a Don Mendo.)

Lucrecia	¿Conoces este papel?
Mendo	Yo, Lucrecia, lo escribí.
Lucrecia	Junta lo que has hecho aquí
con lo que dices en él.
Traidor, fingido, embustero,
engañoso, ¿a ti te dan
apellido de Guzmán
y nombre de caballero?
¿Qué sangre puede tener
quien tiene pecho traidor?
¿Es hazaña de valor
engañar una mujer?
Mendo	Oye, señora...
Lucrecia	No muevas
esos fementidos labios;
que intentas nuevos agravios
con satisfacciones nuevas.
Mendo	Pues ¿qué quieres? ¿Condenarme,
sin oír satisfacción,
por sola una presunción?

Lucrecia	¿Qué disculpa puedes darme? ¿Presunción llamas, traidor, esta tan clara probanza de mi agravio y tu mudanza?
Mendo	En lo que fundas mi error fundo la satisfacción. ¿No te dijo de mi parte tu escudero, que de hablarte deseaba una ocasión, donde el descargo sabrías del recelo que te abrasa? Tuve aviso de tu casa que a ver tu prima salías, y vine a esperarte aquí, y adelantéme en llegar, por no dar que sospechar viéndome venir tras ti. ¡Mira por qué me condenas!
Lucrecia	¿De modo que te disculpas multiplicando tus culpas y acrecentando mis penas? Causa doña Ana mi daño, ¡y con hallarte con ella das remedio a mi querella!
Mendo	Porque fuese el desengaño en su presencia más fuerte.
Lucrecia	¿Qué desengaño me diste?
Mendo	Como tu pena encubriste, no quise, hablando, ofenderte;

                        mas ten cierta confianza,
                        para asegurar tus celos,
                        que en el orden de los cielos,
                        antes que en mí, habrá mudanza.
                            Tuyo soy.

Lucrecia   Las obras creo.

Mendo   Presto, con la voluntad
                        de tu padre, su verdad
                        te mostrará mi deseo.

(Sale el Conde.)

Conde (Aparte.)   (¿Dónde hay con celos cordura?)
                        ¡Lucrecia hermosa! ¡Don Mendo!

Mendo   Conde, que venís entiendo
                        traído de mi ventura;
                          que Lucrecia ha de saber
                        de vos lo que hablamos hoy
                        de su amor.

Conde   Testigo soy.

Mendo   Eso a solas ha de ser;
                          que pensará que os obligo
                        con mi presencia a abonarme.

(Vase don Mendo.)

Lucrecia (Aparte.)   (¡Tú dejas, para informarme
                        en tu favor, buen testigo!)

Conde	¿He de decir la verdad?
Lucrecia	Para eso quedas aquí.
Conde	Pues escúchala de mí,
	pague o no mi lealtad.

    Y por prevenir el daño,
si acaso no me creyeres,
ten secreto lo que oyeres
y averigua si es engaño.
    Que, pues me dijo don Mendo
que cuente lo que hoy pasó,
cumpliendo lo que él mandó,
nadie dirá que le ofendo;
    que, aunque su intento haya sido
que use contigo de engaño,
no debo para mi daño
darme yo por entendido.
    Dando hoy para ti un papel
don Mendo a Ortiz, tu criado,
desdeñoso y enfadado,
me dijo: «¡Cosa cruel,
    Conde, es una mujer necia!
Después que a doña Ana di
en servir, sale de sí
de amor y celos Lucrecia».
    Yo le dije: «¿No es mejor
no engañarla?». Y respondió:
«Mil veces lo que dejó
volvió a desear amor,
    Y este caso previniendo,
nada pierdo en conservalla.»

Lucrecia	¿Qué enredos inventas? Calla.

                        ¿Tal pudo decir don Mendo?
                           ¿Que tu afición agradezca
                        quieres así disponer?
                        ¿Piensas que te he de querer
                        aunque a don Mendo aborrezca?

Conde   Oye.

Lucrecia   No me digas nada.

Conde   Averígualo advertida,
                        y dame pena ofendida,
                        o premio desengañada.
                           Y, si por amarte yo,
                        duda en mi verdad has puesto,
                        sírvate de indicio aquesto,
                        ya que de probanza no.
                           Él va tras ella a Alcalá,
                        y no es éste mal testigo
                        del desengaño que digo.
                        Despacha tú quien allá,
                           con cuidado y sin pasión,
                        secretamente lo siga;
                        y, si mi verdad te obliga,
                        premia un leal corazón;
                           que será culpable error
                        que prefiera tu cuidado
                        un engaño averiguado
                        a un averiguado amor.

Lucrecia   La verdad diciendo estás,
                        que si negándola estoy,
                        no es que crédito no doy,
                        sino que pena me das.

        ¡Ah, falso! ¡Ah, mal caballero!
¡Plega a Dios que, en igual grado
amante y desengañado,
pruebes el mal de que muero!
        ¡Pluguiera a Dios, conde mío,
pudiera, en esta ocasión,
mudarse la inclinación
al paso del albedrío!
        Mas vive cierto, señor,
que, si me has dicho verdad,
te dará mi voluntad
lo que te niega mi amor.

Conde   Yo lo estimo de esa suerte.

Lucrecia   Tanto más me deberás
cuanto me forzare más,
conde, por corresponderte.

(Vanse doña Lucrecia y el Conde. Salen don Juan y Beltrán, de noche.)

Beltrán   El duque Urbino esta noche
bien pudiera perdonarte.

Juana   ¿Qué puede querer?

Beltrán   Llevarte
querrá consigo en el coche,
  amarrado a un duro banco,
sin poderte entretener,
cuando el decir y el hacer
anda por las calles franco.
        Que, noche de San Juan, hallo,
si un peón sabe embestir,

    que suele solo rendir
más que treinta de a caballo;
    que hay mujer que, en el engaño
que en esta noche previene,
librados los gustos tiene
de los deseos de un año.
    Cuál llega al poblado coche
de angélica jerarquía,
y, siendo paje de día,
pasa por marqués de noche;
    cuál sin pensar se acomoda
con la viuda disfrazada,
que, entre galas de casada,
hurta los gustos de boda;
    cuál encuentra y desbarata
una sarta de doncellas,
de quien son las manos bellas
engasaduras de plata;
    cuál se llega a las que van
brindando los retozones,
y trueca a mil refregones
un pellizco que le dan.

Juana   Quien los encuentros enseña,
encuentre con un azar.

Beltrán   ¿Es el azar encontrar
una mujer pedigüeña?
    Si ése temes, en tu vida
en poblado vivirás,
porque ¿dónde encontrarás
hombre o mujer que no pida?
    Cuando dar gritos oyeres,
Diciendo: «Lienzo» a un lencero,

te dice: «Dame dinero,
si de mi lienzo quisieras».
   El mercader claramente
diciendo está sin hablar:
«Dame dinero, y llevar
podrás lo que te contente.»
   Todos, según imagino,
piden, que para vivir,
es fuerza dar y pedir
cada uno por su camino.
   Con la cruz el sacristán,
con los responsos el cura,
el monstruo con su figura,
con su cuerpo el ganapán;
   el alguacil con la vara,
con la pluma el escribano,
el oficial con la mano
y la mujer con la cara.
   Y ésta, que a todos excede,
con más razón pedirá,
pues que más que todos da,
y menos que todos puede.
   Y el miserable que el dar
tuviere por pesadumbre
—ellas piden por costumbre—
hago costumbre en negar;
   que tanto, desde que nacen,
el pedir usado está,
que pienso que piden ya
sin saber lo que se hacen.
   Y así, es fácil el negar;
porque se puede inferir
que quien pide sin sentir,
no sentirá no alcanzar.

Juana	Aunque más razones halles, no has de quitarme el temor, Beltrán; que el azar mayor es el no tener que dalles; y más si la que he adorado se dignase de mis dones.
Beltrán	¿Aún te duran tus pasiones?
Juana	Ardo más, más desdeñado.
Beltrán	Éste es el duque.

(Salen el Duque y don Mendo, de noche.)

Duque	¡Don Juan!
Juana	Déme los pies vueselencia.
Duque	Ya acusaba vuestra ausencia.
Juana	Si don Mendo de Guzmán, Apolo de discreción, acompañándoos está, señor, ¿qué falta os hará el que en su comparación luz de una estrella no envía?
Mendo	Merced recibo de vos.
Duque	La amistad de entre los dos extraña la cortesía.

Juana	Decidme, pues, el intento
con que hemos sido llamados.
Mendo	Aquí tenéis dos criados.
Duque	Dadme, pues, oído atento.
Hombre que a la corte viene
recién heredado y mozo
—pájaro que estrena el viento
nave que se arroja al golfo—
que a los ojos de su rey
y a los populares ojos,
ni debe mostrar flaqueza
ni puede esconder el rostro,
ha de regir sus acciones
por los expertos pilotos,
obligados, por parientes;
por amigos, cuidadosos
con esta ley os obligo,
y con esta fe os escojo
capitanes veteranos
de este soldado bisoño.
Acompañadme los dos,
advertidme lo que ignoro,
decidme el nombre, el estado
y la calidad de todos;
y en lo de las cortesías
principal cuidado os pongo,
advirtiendo que con nadie
pretendo pecar de corto;
que el señor siempre es señor,
como Apolo siempre Apolo,
aunque en lugares indignos
entren sus rayos hermosos.

	Lengua honrosa, noble pecho,
	fácil gorra, humano rostro,
	son voluntarias Argeles
	de la libertad de todos.
	Enseñadme los bajíos
	en que tocar suelen otros;
	cuál es Acates fiel,
	y cuál Sinón cauteloso;
	Ya del dulce lisonjero
	el veneno en vaso de oro,
	ya la canora sirena,
	porque me defienda sordo.
	Al fin, los dos sois el hilo;
	la corte, el cretense monstro.
	Por mi corren mis aciertos,
	y mis yerros por vosotros.
Mendo	Yo confieso que es muy débil
	para ese cielo este polo;
	mas suplirán mis deseos
	el defecto de mis hombros.
Juana	De no ser un Quinto Fabio
	hoy con mi suerte me enojo;
	mas el que soy, obediente
	a serviros me dispongo.
Duque	Con eso, en nombre de Dios,
	seguro a la mar me arrojo.
	Vamos andando las calles
	mientras pregunto y me informo.
Mendo	Ésta es la calle Mayor.

Juana	Las Indias de nuestro polo.
Mendo	Si hay Indias de empobrecer, yo también Indias la nombro.
Juana	Es gran tercera de gustos.
Mendo	Y gran cosaria de tontos.
Juana	Aquí compran las mujeres.
Mendo	Y nos venden a nosotros.
Duque	¿Quién habita en estas casas?
Juana	Don Lope de Lara, un mozo muy rico, pero más noble.
Mendo	Y menos noble que tonto.

(Hacen dentro ruido de bailar.)

Duque	Tened, que bailan allí.
Juana	San Juan es fiesta, de todos.
Mendo	Yo aseguro que van éstos más alegres que devotos.
Duque	¿Quién vive aquí?
Juana	Una viuda, muy honrada y de buen rostro.

Mendo	Casta es la que no es rogada; alegres tiene los ojos.
Beltrán (Aparte.)	(¡Bien haya tan buena lengua! ¡Vive Cristo, que es un Momo!)
Juana	Esta imagen puso aquí un extranjero devoto.
Mendo	Y, entre aquestas devociones, no le sabe mal un logro.
Juana	Un regidor de esta villa hizo este hospital famoso.
Mendo	Y primero hizo los pobres.
Beltrán (Aparte.)	(Por Dios, que lo arrasa todo.)

(Salen doña Ana y Celia a la ventana.)

Ana	Hoy hace, Celia, tres años que mi esposo, con sus días, dio fin a mis alegrías y dio principio a mis daños.
Celia	Si de Alcalá te viniste sólo a gozar la alegría que Madrid hace este día, ¿por qué quieres estar triste? ¿Por qué con esta memoria tan injusta guerra mueves contra el contento que debes a noche de tanta gloria?

           Ya que tu luto funesto
           te impide salir de casa
           hoy, que los limites pasa
           el estado más honesto,
              y estar quieres encerrada
           noche que el uso permite
           que los altares visite
           la doncella más honrada;
              con quien pasa, tus enojos
           divierte, señora mía,
           y niegue esta celosía
           lo que conceden tus ojos.
              Las doce han dado, señora.
           Oye del segundo esposo
           el pronóstico dichoso.

Ana   A don Mendo el alma adora.

Mendo   Don Juan de Mendoza...

Ana   ¡Ay, Dios!
           ¿Don Mendo no es el que habló?

Celia   Sí, mas a don Juan nombró.

Ana   ¿Quién duda que de los dos
              es don Mendo de Guzmán
           pronóstico para mí?
           Pues antes su voz oí
           que no el nombre de don Juan.

Celia   Mas ¿qué fuera que ordenara
           el destino soberano
           que tu blanca hermosa mano

	para don Juan se guardara?
Ana	Calla, necia. ¿Quién pensó tan notable desatino? ¿Qué importará que el destino quiera, si no quiero yo? Del cielo es la inclinación: el sí o el no todo es mío; que el hado en el albedrío no tiene jurisdicción. ¿Cómo puedo yo querer hombre cuya cara y talle me enfada sólo en miralle?
Celia	El amor lo puede hacer.
Ana	Sólo quitará el morirme, Celia, a don Mendo mi mano; que está el plazo muy cercano y mi voluntad muy firme.
Duque	¿Cúyos son estos balcones?
Juana	De doña Ana de Contreras. El sol, por sus vidrieras, suele abrasar corazones.
Ana	Escucha, que hablan de mí.
Duque	¿Es la viuda de Siqueo?
Juana	La misma.
Duque	Verla deseo.

Mendo (Aparte.)	Pues agora no está aquí. (Ni yo en mí, que estoy sin ella.)
Duque	¿Dónde fue?
Mendo	Velando está a San Diego en Alcalá.
Duque	La fama dice que es bella.
Juana	Pues por imposible siento que en algo la haya igualado el dibujo que ha formado la fama en tu pensamiento; que en belleza y bizarría, en virtud y discreción, vence a la imaginación, si vence a la noche el día.

Mendo (Aparte.)	(¡Plega a Dios que esta alabanza
	no engendre en el Duque amor,
	que con tal competidor
	mal vivirá mi esperanza.
	   Yo quiero decir mal de ella
	por quitar la fuerza al fuego.)
	Ciego sois, o Yo soy ciego,
	o la viuda no es tan bella.
	   Ella tiene el cerca feo,
	si el lejos os ha agradado;
	que yo estoy desengañado,
	porque en su casa la veo.

Duque	¿Visitáisla?

Mendo   Por pariente,
             alguna vez la visito;
             que si no, fuera delito,
             según es impertinente.

Ana (Aparte.)   (¡Ha, traidor!)

Mendo   Si el labio mueve
             su mediano entendimiento,
             helado queda su aliento
             entre palabras de nieve.

(Beltrán habla aparte con don Juan.)

Beltrán   ¡Ya escampa!

Juana   ¿Que trate así
             un caballero a quien ama?

Beltrán   Esto dice de su dama.
             ¡Mira qué dirá de ti!

Mendo   Pues la edad no sufre engaños,
             aunque la tez resplandece.

(Hablan aparte doña Ana y Celia.)

Ana   ¡Ah, falso! ¿Qué te parece?
             Aun no perdona mis años.

Mendo   Mil botes son el Jordán
             con que se remoja y lava.

(Hablan aparte el Duque y don Mendo.)

Duque — Pues ¿cómo don Juan la alaba?

Mendo —
Para entre los dos, don Juan
  es un buen hombre; y si digo
que tiene poco de sabio,
puedo, sin hacerle agravio.
Vuestro deudo es y mi amigo;
  mas esto no es murmurar.

Juana —
¡Que queráis poner defeto
en tan hermoso sujeto!

Mendo —
En la rosa suele estar
  oculta la aguda espina.

Juana —
Ellos son gustos, y al mío,
o del todo desvarío,
o esta mujer es divina.

Mendo — Poco sabéis de mujeres.

Juana —
Veréisla, duque, algún día,
y acabará esta porfía
de encontrados pareceres.

Mendo (Aparte) —
(Don Juan me quiere matar,
y aquello mismo que he hecho
para sosegar el pecho
del duque, me ha de dañar.)

Celia — ¿Qué te parece?

Ana	Estoy loca.
Celia	¿A este hombre tienes amor?
Ana	El pecho abrasa el furor. Fuego arrojo por la boca. ¿Posible es que tal oí? Vil, ¿a quien te quiere infamas ¿Así tratas a quien amas?
Celia	No ama quien habla así. Él te engaña.
Ana	Claro está. Di que me traigan un coche. Volvamos, Celia, esta noche a amanecer a Alcalá, que lo que agora escuché, castigo del cielo ha sido por haber interrumpido las novenas que empecé.
Celia	Antes este desengaño le debes a esta venida.
Ana	Si con él pierdo la vida, mejor me estaba el engaño.

(Vanse doña Ana y Celia. Hacen dentro ruido de cuchilladas.)

Mendo	Allí suenan cuchilladas.
Duque	Estas damas, de mi voto, sigamos.

(Vase el Duque.)

Mendo   Es más devoto
         de mujeres que de espadas.

(Vase don Mendo.)

Juana   Y así al más amigo abona;
         para que advertido estés.

Beltrán   Su lengua, en efeto, es
         la que a nadie no perdona.

(Vanse don Juan y Beltrán.)

         Fin de la primera jornada

JORNADA SEGUNDA

(Salen el Duque, don Juan y Beltrán, todos de color.)

Duque	¿Cómo los toros dejáis?
Juana	Viéndome sin vos en ellos,
	estaba de los cabellos.
	¿Del juego, cómo quedáis?
	Que era robado el partido.
Duque	Cogiéronme de picado.
	He perdido, y me he cansado.
Juana	Mil cosas habéis perdido:
	el descanso, y el dinero
	y los toros.
Beltrán	¡Que haya juicio
	que del cansancio haga vicio,
	y tras un hinchado cuero,
	que el mundo llama pelota,
	corra ansioso y afanado!
	¡Cuánto mejor es, sentado,
	buscar los pies a una sota
	que moler piernas y brazos!
	Si el cuero fuera de vino,
	aun no fuera desatino
	sacarle el alma a porrazos.
	Pero, ¡perder el aliento
	con una y otra mudanza,
	y alcanzar, cuando se alcanza,
	un cuero lleno de viento,
	y cuando, una pierna rota,

	brama un pobre jugador,
	ver, al compás del dolor,
	ir brincando la pelota!
Juana	El brazo queda gustoso,
	si bien la pelota dio.
Beltrán	Séneca la comparó
	al vano presuntuoso;
	y esa semejanza ha dado
	sin duda al juego sabor,
	porque no hay gusto mayor
	que apalear un hinchado.
	mas, si miras el contento
	de un jugador de pelota,
	y un cazador, que alborota
	con halcón la cuerva al viento,
	¿por dicha tendrás la risa
	viendo que a presa tan corta
	que, vencida, nada importa,
	corre un hombre tan de prisa,
	que apenas tocan la hierba
	los caballos voladores?
	¡Válgaos Dios por catadores
	¿Qué os hizo esa pobre cuerva?
Duque	De la guerra has de pensar
	que es la caza semejanza,
	y así el ardid, la asechanza
	el seguir y el alcanzar
	es gustoso pasatiempo.
Beltrán	¿Mil contra una cuerva? Sí,
	bien dices; que son así

	las pendencias de este tiempo.
Juana	Beltrán, satírico estás.
Beltrán	¿En qué discreto, señor, no predomina ese humor?
Juana	Como matas morirás.
Beltrán	En Madrid estuve yo en corro de tal tijera, que la pegaba cualquiera al padre que lo engendró; y, si alguno se partía del corro, los que quedaban mucho peor de él hablaban que él de otros hablado había. Yo, que conocí sus modos, a sus lenguas tuve miedo, y —¿qué hago?— estoime quedo hasta que se fueron todos. Pero no me valió el arte; que, ausentándose de allí, sólo a murmurar de mí hicieron un corro aparte. Si el maldiciente mirara este solo inconveniente, ¿hallárase un maldiciente por un ojo de la cara?
Juana	¿Fuera por eso peor?
Beltrán	Espántome que eso ignores. Más que cien predicadores

    importa un murmurador.
      Yo sé quién ni con sermones,
    ni cuaresmas, ni consejos
    de amigos sabios y viejos,
    puso freno a sus pasiones,
      ni sus costumbres redujo
    en gran tiempo; y solamente
    de temor de un maldiciente,
    vive ya como un cartujo.

Duque   Digo que tenéis, don Juan,
    entretenido criado.

Juana   Es agudo, y ha estudiado
    algunos años Beltrán.

Duque   ¿Qué hay de doña Ana?

Juana   Esta noche
    parte, sin duda, a Madrid.

Duque   Nuestra invención prevenid.

Juana   Ella, Duque, va en su coche;
      su gente, en uno alquilado.

Duque   Bien nos viene.

Juana   Así lo espero.

Duque   ¿Apercibióse el cochero?

Juana   Ya, señor, lo he concertado.

Duque   ¿Y está en los toros doña Ana?

Juana   No la he visto; pero sé
que, cuando en ellos esté,
ni en andamio ni en ventana
   de suerte estará que pueda
ser de nadie conocida;
que no por fiestas olvida
obligaciones que hereda.

Duque   ¿Cuántos toros vistes?

Juana   Tres,
y entró don Mendo al tercero,
despreciando en un overo
al amor y al interés.
   Salió con verde librea,
robando así corazones,
que aun el toro a sus rejones
con su muerte lisonjea.

Duque   ¿Tan bueno anduvo el Guzmán?

Juana   En todo es hombre excelente
don Mendo.

Duque (Aparte.)   (¡Cuán diferente
suele hablar él de don Juan!)
   Cansado estoy.

Juana   Reposar
podéis, señor, entre tanto
que da Tetis con su manto
a nuestra invención lugar.

Duque	Que a su tiempo me despiertes, te encargo.

(Vase el Duque.)

Juana	Tendré cuidado.

Beltrán	¿Por qué, señor, no has pintado caballos, toros y suertes?
	  Que con eso, y con tratar mal a los calvos, hicieras comedias, con que pudieras tu pobreza remediar.
	  A que te cuenten me obligo, seiscientos por cada una.

Juana	Pues supongamos que en una eso que me adviertes digo. En otra, ¿qué he de decir? Que a un poeta le está mal no variar; que el caudal se muestra en no repetir.

Beltrán	Para dar desconocidos estos platos duplicados, dar aquí calvos asados, y acullá calvos cocidos.
	  Pero, señor, a las veras vuelva la conversación. ¿No me dirás la intención que llevan estas quimeras?
	  ¿Para qué se han prevenido los dos capotes groseros?

                        ¿Qué es esto de los cocheros?

Juana   Escucha. Irás advertido.
                 Desde aquella alegre noche
                 que al gran Precursor el suelo
                 celebra por alba hermosa
                 del Sol de Justicia eterno,
                 de la encontrada porfía
                 en que me opuso don Mendo,
                 a mil gracias que conté
                 de doña Ana, mil defetos,
                 en el corazón del duque
                 nació un curioso deseo
                 de cometer a sus ojos
                 la definición del pleito.
                 A don Mendo le explicó
                 el Duque este pensamiento,
                 y para ver a doña Ana,
                 quiso que él fuese el tercero.
                 Él se excusó, procurando
                 divertirlo de este intento,
                 o temiendo mi victoria,
                 o anticipando sus celos.
                 Creció en el mancebo duque
                 el apetito con esto;
                 que, sospechando su amor,
                 hizo tema del deseo.
                 Declaróme su intención,
                 y yo en su ayuda me ofrezco,
                 dándome esperanza a mí
                 lo que temor a don Mendo.
                 Y como doña Ana estaba
                 aquí, velando a San Diego,
                 venimos hoy a los toros

	más por verla que por verlos.

más por verla que por verlos.
Y sabiendo que esta noche
se parte mi dulce sueño,
por quien ya comienza Henares
el lloroso sentimiento;
por poder gozar mejor
de su cara y de su ingenio,
porque las gracias del alma
son alma de las del cuerpo,
tratamos acompañarla,
sirviéndole de cocheros,
nuevos faetones del sol,
si atrevidos, no soberbios.
Con los cocheros ha sido
para este fin el concierto,
para esto la prevención
de los capotes groseros;
que a tales trazas obliga
en ella el recado honesto,
en el Duque sus antojos
y en mí, Beltrán, mis deseos.

Beltrán   Todo lo demás alcanzo,
y eso postrero no entiendo.
¿Cómo en el amor del Duque
funda el tuyo su remedio?

Juana   Mientras sin contrario fuerte
ame a doña Ana don Mendo,
ella está en su amor muy firme.
A mudarla no me atrevo;
y como el duque es persona
a cuyas fuerzas y ruegos
puede mudarse doña Ana,

	que la conquiste pretendo,
	para que, andando mudable,
	entre los fuertes opuestos,
	no estando firme en su amor,
	esté flaca a mi deseo.
Beltrán	Esa es cautela que enseña
	el diestro don Luis Pacheco
	que dice que está la espada
	más flaca en el movimiento.
Juana	Mejor se sujeta entonces.
	De esa lección me aprovecho.
Beltrán	Y dime, por vida tuya,
	¿agora sales con esto?
	¿No eres tú quien me dijiste:
	«Si de esta vez no la muevo,
	morirá mi pretensión,
	aunque vivan mis deseos»?
Juana	Imita mi amor al hijo
	de la tierra, aquel Anteo,
	que, derribado, cobraba
	nueva fuerza y valor nuevo.
Beltrán	Pensé que, desesperado,
	lo curabas como a muerto;
	que aunque la traza es aguda,
	pongo gran duda en su efeto;
	que el duque es muy poderoso.
	Llevarála.
Juana	Por lo menos,

| | si vence, alivio será
que por un duque la pierdo;
y si no, consolaráme
ver que lo que yo no puedo,
tampoco ha podido un duque. |
|---|---|
| Beltrán | En fe de aquesos consuelos,
has cortado la cabeza
totalmente a tus intentos,
y estando tu mal dudoso,
has querido hacerlo cierto.
Quieres que el duque la lleve
por quitársela a don Mendo,
y, del daño, el daño mismo
has tomado por remedio.
El epigrama que a Fanio
hizo Marcial, viene a pelo. |
| Juana | ¿Cómo dice? |
| Beltrán | Traducido,
dice así, en lenguaje nuestro:

«Queriendo Fano huir
sus contrarios, se mató.»
¿No es furor, pregunto yo,
para no morir, morir? |
| Juana | El epigrama es agudo;
mas la aplicación te niego;
que no es, como tú imaginas,
que venza el duque, tan cierto;
que si él es grande de España
es el querido don Mendo, |

	y esto es ser grande también en la presencia de Venus.
Beltrán	Grandes son los dos contrarios, y tú, señor, muy pequeño; mas, si Fortuna te ayuda, juzgo posible tu intento. Dos valientes salteadores, por un hurto que habían hecho riñeron; que cada cual lo quiso llevar entero; y, mientras ellos reñían, un ladroncillo ratero cogió la presa.
Juana	Dios quiera que me suceda lo mesmo.

(Vanse don Juan y Beltrán. Salen doña Ana y doña Lucrecia, de camino.)

Ana	¿Cómo en los toros te ha ido?
Lucrecia	Jamás hicieron provecho en las dolencias del pecho los remedios del sentido; que en un rabioso cuidado, tanto con el alma asisto, que, aunque los toros he visto, prima, no los he mirado.
Ana	Yo apostaré que hay amor.
Lucrecia	Forzoso es ya que te cuente, porque el daño no se aumente,

la causa de mi dolor.
   Doce veces ha vestido
Febo de luz a su hermana,
después, hermosa doña Ana,
que me sujetó Cupido.
   Mas no fácil en mi amor
llevó el que adoro la palma;
que al postrer precio del alma
le rendí el primer favor.
   Hasta aquí te lo he callado,
porque muestra liviandad
la que sin necesidad
manifiesta su cuidado;
   mas ya que teme el amor,
si callo, un agravio injusto,
viendo que se anega el gusto,
se arroja a nado el honor.
   Don Mendo es, pues, el sujeto
por quien quiso amor que muera;
que menor causa no hiciera
en mi tan tirano efeto.
   Supe que daba en mirar
tu belleza soberana;
que sólo por ti, doña Ana,
me pudiera a mí olvidar.
   A mi celosa querella
satisfacer intentó;
mas aunque el fuego aplacó,
quedó viva la centella.
   Supe que a Henares venía
hoy con galas y librea.
¿Por quién quieres tú que sea,
si a mí en Madrid me tenía?
   Pedí a mi padre licencia

                    para venir a Alcalá,
                    y porque estabas tú acá,
                    me ha permitido esta ausencia.
                       No vine a los toros, no,
                    mas a impedir nuestro daño,
                    con que sepas tú tu engaño
                    y mi desengaño yo.
                       Y, porque probar pretendo
                    mi verdad, este papel
                    mira, y confirma con él
                    las traiciones de don Mendo.
                       A los celos satisface
                    de que yo cargo le hice.
                    Mira de ti lo que dice
                    y contigo lo que hace.

(Da un papel a doña Ana y ella lee.)

Ana   «Tu sentimiento encareces
                    sin escuchar mis disculpas.
                    Cuanto sin razón me culpas,
                    tanto con razón padeces.
                    Si miras lo que mereces,
                    verás cómo la pasión
                    te obliga a que, sin razón,
                    agravies, en tu locura,
                    con las dudas, la hermosura;
                    con los celos, la elección.
                       Lucrecia, de ti a doña Ana
                    ventaja hay más conocida
                    que de la muerte a la vida,
                    de la noche a la mañana.
                    ¿Quién a la hermosa Diana,
                    trocará por una estrella?

>   Deja la injusta querella,
>   desengaña tus enojos,
>   que tengo un alma y dos ojos
>   para escoger la más bella.»

Lucrecia   ¿Qué dices de ese papel?

Ana   Si estás viendo, prima, aquí
                lo que él ha dicho de mí,
                ¿qué quieres que diga de él?
                Pierde el cuidado cruel
                que te obliga a recelar,
                cuando así me ves tratar,
                si es cosa cierta el nacer
                la injuria de aborrecer
                y la alabanza de amar.
                    Mas, cansada te imagino.
                Entra a reposar un rato;
                que, para hablar de tu ingrato,
                será tercero el camino.

Lucrecia   Mi celoso desatino
                el sueño me ha de impedir.

Ana   A las doce es el partir
                forzoso.

Lucrecia   Y tú ¿no reposas?

Ana   No, Lucrecia; que mil cosas
                me faltan por prevenir.

Lucrecia   ¿Puedo ayudarte?

Ana   Ayudarme
dejarme sola será.

Lucrecia   El obedecerte es ya
forzoso.

(Vase doña Lucrecia.)

Ana   Como el matarme.
                Celia, ven, ven a ayudarme
                a lamentar mi tormento;
                presta tu voz a mi aliento,
                que en desventura tan grave
                por una boca no cabe
                a salir el sentimiento.

(Sale Celia.)

Celia   ¿Qué ha sido?

Ana   Nuevos agravios
                del vil don Mendo; que, en suma,
                firma también con la pluma
                lo que afirmó con los labios.

Celia   Mudar consejo es de sabios.
                Hasta aquí nada has perdido;
                tu misma vista y oído
                te han avisado tu daño.
                Agradece el desengaño
                que a tan buen tiempo ha venido.
                  Quien así te injuria ausente
                y presente lisonjea,
                o, engañoso, te desea,

o, deseoso, te miente;
y, cuando cumplir intente
lo que ofrece y ser tu esposo,
si ordinario, y aun forzoso
es el cansarse un marido,
¿cómo hablará arrepentido
quien habla así deseoso?

Ana

No es, Celia, mi corazón
ángel en aprehender,
que nunca pueda perder
la primera aprehensión.
No es bronce mi corazón,
en quien viven inmortales
las esculpidas señales;
mudarse puede mi amor.
Si puede, ¿cuándo mejor
que con ocasiones tales?
No pienses que está ya en mí
tan poderoso y entero
el gigante amor primero
a quien tanto me rendí.
Desde la noche que oí
mis agravios, la memoria
en tan afrentosa historia
tan rabiosamente piensa,
que entre el amor y la ofensa
dudaba ya la vitoria.
Pero con tan gran pujanza
la nueva injuria ha venido,
que del todo se ha rendido
el amor a la venganza.

Celia

¿Serás firme en la mudanza?

Ana	O el Cielo mi mal aumente.
Celia	Tus venturas acreciente
como el contento me ha dado
tu pensamiento, mudado
de un hombre tan maldiciente.
Que desde que, estando un día
viéndote por una reja,
la cerré y me llamó vieja,
sin pensar que yo le oía,
tal cual soy, no lo querría,
si él fuese del mundo Adán.
Ana	Que eran botes mi Jordán
dijo de mí; ¿qué te altera
que a tus años se atreviera?
Celia	¡Cuán diferente es don Juan!
Ofendido y despreciado
es honrar su condición,
cuanto el lengua de escorpión
ofende, siendo estimado.
Una vez, desesperado,
don Juan se quejaba así:
«¿Qué delito cometí
en quererte, ingrata fiera?
¡Quiera Dios!... Pero no quiera;
que te quiero más que a mí.»
¡Si vieras la cortesía
y humildad con que me habló
cuando licencia pidió
para verte el otro día!
¡Si vieras lo que decía

en mi defensa a un criado,
que porfiaba arrojado
que, si yo dificultaba
la visita, lo causaba
ser él pobre y desdichado!
 ¡Si vieras!... Pero ¿ qué vieras
que igualase a lo que viste,
cuando del traidor le oíste
defenderte tan de veras?
Ya te ablandaras si fueras
formada de pedernal.

Ana
¿Qué te obliga a que tan mal
te parezca mi desdén?

Celia
Tener a quien habla bien
inclinación natural
 y sin ella, me obligara
la razón a que lo hiciera.

Ana
Celia, ¡si don Juan tuviera
mejor talle y mejor cara!

Celia
Pues, ¿cómo? ¿En eso repara
una tan cuerda mujer?
En el hombre no has de ver
la hermosura o gentileza:
su hermosura es la nobleza;
su gentileza el saber.
 Lo visible es el tesoro
de mozas faltas de seso,
y, las más veces, por eso
topan con un asno de oro.
Por esto no tiene el moro

| | ventanas; y es cosa clara
que, aunque al principio repara
la vista, con la costumbre
pierde el gusto o pesadumbre
de la buena o mala cara. |
|---|---|
| Ana | No niego que, desde el día
que defenderme le oí,
tiene ya don Juan en mí
mejor lugar que solía;
porque el beneficio cría
obligación natural.
Y, pues el rigor mortal
aplacó ya mi desdén,
principio es de querer bien
el dejar de querer mal.
   Pero, no fácil se olvida
amor que costumbre ha hecho,
por más que se valga el pecho
de la ofensa recibida,
y una forma corrompida
a otra forma hace lugar.
Mas bien puedes confiar
que el tiempo irá introduciendo
a don Juan, pues a don Mendo
he comenzado a olvidar. |
| Celia | ¿Podré yo ver el papel? |
| Ana | Pide luces, que la oscura
noche impedirte procura
ver mis agravios en él. |
| Celia | Ya están las luces aquí. |

Ana   Ten el papel.

(Dale el papel a Celia. Sale el Escudero.)

Escudero   Dos cocheros
                    piden licencia de veros.

Ana   Entren.

Escudero   Entrad.

(Salen el Duque y don Juan, de cocheros.)

Juana   Pues a ti
                    nunca te ha visto, seguro
                    habla de ser conocido;
                    mientras yo callo, escondido,
                    en manto de sombra oscuro.

Duque   El cielo os guarde, señora.

Ana   Bien venido.

Duque   Acá me envía
                    el cochero que os servía,
                    y no puede hacerlo agora,
                    rendido a un dolor cruel.
                    ¿A qué hora habéis de partir?
                    Que os tengo yo de servir
                    esta jornada por él.

Ana   ¿Tanto es su mal?

Juana
          Por lo menos,
no podrá serviros hoy.

Ana
     Pésame.

Duque
          Persona soy
con quien no lo echaréis menos.

Ana
          A media noche esté el coche
prevenido a la carrera.

Duque
     Y será la vez primera
que el sol sale a media noche.

Ana
      ¿Cómo es eso?

Duque
              ¿Cómo es eso?

Ana
    ¿Tierno sois?

Duque
            ¿Es contra ley?
Alma tengo como el rey;
aunque este oficio profeso,
  no huyo de amor los males,
que, si por ellos no fuera,
yo os juro que no estuviera
cubierto de estos sayales.

Ana
     Pues qué ¿son disfraz de amor
por infanta pretendida?

Duque
  Puede ser.

Ana (Aparte.)
       (¡Bien, por mi vida!

	El cochero tiene humor.)
Celia	Don Mendo viene.
Ana	Id con Dios, y a media noche os espero.
Duque	Tengo, por mi compañero, también que tratar con vos; que es suyo el coche en que va vuestra gente; y esta noche ya veis cuánto vale un coche, y concertado no está. La visita recibid, que los dos esperaremos.
Ana	Por eso no reñiremos si con bien llego a Madrid.
Duque	Señora, entre padres e hijos parece bien el concierto.

(Apártase el Duque con don Juan. Salen don Mendo y Leonardo.)

Mendo	¡Gloria a Dios, que llego al puerto de combates tan prolijos!
Duque	Escuchar pretendo así si a don Mendo favorece doña Ana.
Juana	Pues ¿qué os parece?
Duque	Que por mi daño la vi...

(Salen doña Lucrecia y Ortiz.)

Lucrecia ¡Don Mendo con ella, cielos!

Ortiz ¿Si sabe que estás acá?

(Pónese Lucrecia a escuchar.)

Lucrecia Cerca el desengaño está.

Ortiz Hoy averiguas tus celos.

Mendo ¿Qué es esto, doña Ana hermosa?
¿No me respondes? ¿Qué es esto?
¿Quién ha mudado tan presto
mi fortuna venturosa?
 ¿Tú, señora, estás así
grave y callada conmigo?
¿Quién me ha puesto mal contigo?
¿Quién te ha dicho mal de mí?
 Habla. Dime tu querella.

Ana ¿Tú puedes causarme enojos
teniendo «un alma y dos ojos
para escoger la más bella»?

Mendo (Aparte.) (Palabras son que escribí
a la engañada Lucrecia.)
Esperado habrá la necia
Lucrecia tener de mí
 favor con hacerme daño;
mas no pienso que le importe.
Vamos, señora, a la corte,

                verás si la desengaño...

Lucrecia (Aparte.)   (¡Ah, falso!)

Mendo   ...que su favor
               no estimo, porque concluya,
               lo que una palabra tuya,
               aunque la engendre el rigor.

Ana   ¿Cómo, pues, «si el labio mueve
               mi mediano entendimiento,
               helado queda mi aliento
               entre palabras de nieve»?

Mendo (Aparte.)   (Don Juan le debió de dar
               cuenta de nuestra porfía;
               mas aquí la industria mía
               las suertes ha de trocar;
                 que si la verdad confieso
               y que el amor y el poder
               temí del duque, es mujer,
               y despertará con eso.)
                 Vuelve ese rostro, en que veo
               cifrado el cielo de amor.

Ana   Don Mendo, así está mejor
               quien tiene «el cerca tan feo».

Mendo   Yo colijo que don Juan
               de Mendoza, mal mirado,
               la contienda te ha contado
               de la noche de San Juan;
                 que conozco esas razones
               que el necio dijo de ti,

	porque yo le defendí
	tus divinas perfecciones.
Juana (Aparte.)	(¡Ah, traidor!)
Duque	Disimulad.
Mendo	Pero don Juan bien podía
	callar, pues que yo quería
	perdonar su necedad.
	Mas ya que estás de esa suerte
	de mí, señora, ofendida,
	porque le dejé la vida,
	a quien se atrevió a ofenderte,
	no me culpes; que el estar
	el duque Urbino presente
	pudo de mi furia ardiente
	el ímpetu refrenar.
Celia	¡Qué embustero!
Ana (Aparte.)	(¡Qué engañoso!)
Celia	¡Mira con quién te casabas!
Mendo	Si por eso me privabas
	de ver ese cielo hermoso,
	vuelve; que presto por mí
	cortada verás la lengua
	que en tus gracias puso mengua.
Ana	Pues guárdate tú de ti.
Mendo	¿Yo de mí? ¿Luego yo he sido

                    quien te ofendió?

Ana   Claro está.
            ¿Quién si no tú?

Mendo   ¿Cuánto va
            que ese falso fementido,
                lisonjero universal
            con capa de bien hablado,
            por adularte ha contado
            que él dijo bien y yo mal?
                Mas brevemente verán
            estos ojos, dueño hermoso,
            castigado al malicioso.

Ana   «Para entre los dos, don Juan
                es un buen hombre; y si digo
            que tiene poco de sabio,
            puedo, sin hacerle agravio:
            vuestro deudo es y mi amigo;
                mas esto no es murmurar.»

Mendo   Eso dije a solas yo
            al duque, que se admiró
            de verle vituperar
                lo que yo tanto alabé.

Ana   Dilo al revés.

Mendo   Según esto,
            quien contigo mal me ha puesto
            el Duque sin duda fue.
                ¡Aun no ha llegado a la corte
            y ya en enredos se emplea!

             ¡O piensa que está en su aldea,
             para que nada le importe
                su grandeza o calidad
             al necio rapaz conmigo,
             para no darle el castigo?

Duque (Aparte.)   (¡Ah, traidor!)

Juana   Disimulad.

Ana   ¿Qué sirven falsas excusas,
             qué quimeras, qué invenciones,
             donde la misma verdad,
             acusa tu lengua torpe?
             Hablas tú tan mal de mí
             sin que contigo te enojes,
             ¿y enójaste con quien pudo
             contarme tus sinrazones?
             Quien te daña es la verdad
             de las culpas que te ponen.
             pecaste y yo lo supe,
             ¿qué importa saber de dónde?
             Pues nadie me ha referido
             lo que hablaste aquella noche.
             Verdad te digo, o la muerte
             en agraz mis años corte.
             Y siendo así, sabes tú
             que son las mismas razones
             las que aquí me has escuchado
             que las que dijiste entonces.
             Y pues las sé, bien te puedes
             despedir de mis favores,
             y, a toda ley, hablar bien,
             porque las paredes oyen.

(Vase doña Ana.)

Mendo — Vuelve, escucha. dueño hermoso,
lo que mi fe te responde;
y pues oyen las paredes,
oye tú mis tristes voces.

Lucrecia (Aparte.) (Mas que de tristeza mueras.)

(Vanse doña Lucrecia y Ortiz.)

Celia (Aparte.) (Mas que eternamente llores.)

Duque — ¿De dónde pudo doña Ana
saber lo que aquella noche
hablamos?

Juana — Yo no lo he dicho.

Duque — Ni yo.

(Vase el Duque.)

Juana — Las paredes oyen.

(Vase don Juan.)

Mendo — Oyeme tú, Celia. Así
tus floridos años logres.

Celia — Las que ya llamaste canas,
¿cómo agora llamas flores?

Mendo   ¿Quién te ha dicho tal de mí,
Celia?

Celia   Las paredes oyen.

(Vase Celia.)

Mendo   ¿Qué es esto, suerte enemiga?
¿Por tan falsas ocasiones,
tan verdadera mudanza
en voluntad tan conforme?
¡Que pueda ser, quien me ha dado
los más estrechos favores
a mi acusación, de cera,
y a mi descargo, de bronce!
¿A mis contrarios escuchas?
¿A malos terceros oyes?
¿A mí el oído me niegas?
¿A mí la cara me escondes?

Leonardo   Con la pasión no discurres.
¿Posible es que no conoces
que tan extraños efetos
a mayor causa responden?
No por las culpas que dice
hay mudanza en sus amores,
antes por haber mudanza
aquestas culpas te pone.
Que si el enojo que ves
causaran tus sinrazones,
no tan resuelta negara
los oídos a tus voces;
que, a quien obligan ofensas
de quien ama a que se enoje,

                    la satisfacción desea
                    cuando la culpa propone.
                    Doña Ana no quiso oírte,
                    y, así, me espanta que ignores
                    que culpas ha menester,
                    pues huye satisfacciones;
                    y el que anda a caza de culpas,
                    intención resuelta esconde,
                    y pretende dar color
                    de castigo a sus errores.

Mendo   Bien imaginas.

Leonardo   Señor,
                    ciego estás, pues no conoces
                    su desamor en su ausencia,
                    su engaño en sus dilaciones.
                    Dilató por las novenas
                    el matrimonio. Engañóte;
                    que no hay mujer que al amor
                    prefiera las devociones.
                    Con secreto caminaba
                    a otro fin su trato doble;
                    y, por si no lo alcanzase,
                    entretuvo sus amores.
                    Ya lo alcanzó, y te despide
                    sin que en descargo le informes;
                    que ha menester que tus culpas
                    su injusta mudanza abonen.

Mendo   Agudamente discurres;
                    mas por los celestes orbes
                    juro que me he de vengar
                    de su rigor esta noche.

Leonardo	Poderoso eres, señor.
Mendo	De allá han salido dos hombres.
Leonardo	Cocheros son de doña Ana.
Mendo	La Fortuna me socorre.

(Salen el Duque y don Juan, de cocheros.)

Duque	Ni vi hermosura mayor, ni igual discreción oí.
Juana	¿Luego a don Mendo vencí?
Duque	Preguntádselo a mi amor, ¡Vive el cielo, que estoy loco!
Juana (Aparte.)	(Mi invención es ya dichosa.)
Duque	Será mi esposa.
Juana	¿Tu esposa?
Duque	Sí.
Juana (Aparte.)	(Ni tanto ni tan poco.)
Mendo	Dios os guarde, buena gente.
Duque	¿Quién va allá?
Mendo	Don Mendo soy

                        de Guzmán.

Duque (Aparte.)   (Por darle estoy
                    el castigo aquí.)

Juana   Detente;
                    que es de doña Ana esta puerta.

Duque   ¿Qué mandáis?

Mendo   Que me digáis,
                    pues a doña Ana lleváis,
                    ¿a qué hora se concierta
                        la partida?

Duque   A media noche.

Mendo   Una cosa habéis de hacer,
                que me obligo a agradecer.

Duque   Decidla.

Mendo   Apartar el coche
                    en que fuere vuestro dueño
                    del camino un trecho largo,
                    haciendo del yerro cargo
                    a la oscuridad o al sueño.

Duque   ¿Para qué fin?

Mendo   Solamente
                hablarle pretendo, amigos,
                con espacio y sin testigos.

Duque	¿Cosa que algún hecho intente que nos cueste?...
Mendo	No os dé pena, cuando yo os amparo, el miedo. La obligación en que os quedo publique aquesta cadena

(Dale una cadena, y tómala el Duque.)

	que podéis los dos, partir.
Duque	No, señor.
Mendo	Esto ha de ser.
Duque	Una cosa habéis de hacer si os habemos de servir.
Mendo	Hablad, pues.
Duque	Que a la ocasión no vais más de dos amigos; porque cuantos son testigos, tantos enemigos son.
Mendo	Solos iremos los dos. De esto la palabra os doy.
Duque	Con eso, a serviros voy.
Mendo	Y yo a seguiros.
Duque	Adiós;

	que es hora ya de partir.
Juana	¿Dónde con tu intento vas?
Duque	Presto, don Juan, lo verás.

(Vanse el Duque y don Juan.)

Mendo	Manda luego apercibir,
	Leonardo los dos rocines
	de campo, para alcanzar
	esta fiera. Hoy he de dar
	a esta caza dulces fines.
Leonardo	No lo dudes, pues está
	tan de tu parte el cochero.
Mendo	Como eso puede el dinero.
Leonardo	Contra su dueño será,
	si de su favor te ayudas
Mendo	El primer cochero agora
	no será que a su señora
	haya servido de Judas.

(Vanse el Duque y Leonardo. Salen tres arrieros y una Mujer, cantan.)

Arriero I	«Venta de Viveros,
	¡dichoso sitio,
	si el ventero es cristiano,
	es moro el vino!
	¡Sitio dichoso,
	si el ventero es cristiano,

	y el vino es moro!»
Arriero II	«Con mi albarda y mi burro no envidio nada; que son coches de pobres burros y albardas.»
Mujer	«Tan gustosa vengo de ver los toros, que nunca se me quitan dentre los ojos.»
Arriero III	«Unos ojos que adoro llevo a las ancas. ¿Quién ha visto los ojos a las espaldas?»
Arriero IV (Dentro.)	¿Gruñes, o gritas, o cantas?
Otro (Dentro.)	Mis males espanto así.
Arriero IV (Dentro.)	¿Somos tus males aquí? Porque también nos espantas.
Otro (Dentro.)	Calla, y toma mi consejo; que no es la miel para ti.
Arriero IV (Dentro.)	¿Fuiste a ver los toros?
Otro (Dentro.)	Sí.
Arriero IV (Dentro.)	¿Pues no hay en tu casa espejo?
Arriero II	¡Ah del coche! ¿Dónde bueno?

                        del camino se han salido.

Arriero IV (Dentro.) O el cochero se ha dormido,
                        o han de hacer noche al sereno.

Arriero II (Dentro.)   ¡Ah, Faetón de los cocheros,
                        que te pierdes! Por acá.

Arriero IV (Dentro.) Por esos trigos se va.

Arriero II   Y tras él dos caballeros.

Arriero I   De malas lenguas se quita
                        quien va al desierto a morar.

Arriero II   No van ellos a rezar;
                        que por allí no hay ermita.

Arriero IV (Dentro.)   Arre, mula de Mahoma;
                        ella hace burla de mí.
                        Dale, Francisco.

Arriero II   Echa aquí.

Arriero I   Arre: ¿qué diablo te toma?

(Vanse los arrieros y la Mujer.)

Mendo (Dentro.)   Para, cochero.

Ana (Dentro.)   ¿Quién es?

Mendo (Dentro.)   Don Mendo soy.

Ana (Dentro.) ¡Anda!

Mendo (Dentro.) ¡Para!

(Salen don Mendo y doña Ana, doña Lucrecia y Leonardo.)

Ana ¿Quién sino tú se mostrara
conmigo tan descortés?

Mendo Mi exceso y atrevimiento
disculpo con tu mudanza.

Ana Llámala justa venganza
y cuerdo arrepentimiento.

Mendo ¿Quién lo causó?

Ana Tus traiciones.

Mendo ¡Ah, falsa! ¿Engañarme piensas
¿Acreditas mis ofensas
por abonar tus acciones?
Pues no lograrás tu intento.

(Llega a pelear don Mendo con doña Ana, Lucrecia a ayudarla, y Leonardo a tener a Lucrecia.)

Ana ¿Qué es esto?

Mendo Justo castigo
de tu mudanza.

Ana ¿Conmigo
tan grosero atrevimiento?

91

Lucrecia	¡Justicia de Dios!
Leonardo	Teneos.
Ana	¿Hay excesos más extraños?
Mendo	A pesar de tus engaños he de lograr mis deseos.

(Salen el Duque y don Juan, de cocheros; sacan las espadas y dan sobre ellos.)

Duque	La venganza nos convida.
Ana	¿Dónde están mis escuderos? Vendido me han los cocheros.
Duque	Por vos, señora, la vida vuestros cocheros darán.
Mendo	¿A don Mendo os atrevéis, viles?
Leonardo	Cocheros, ¿qué haréis? ¡Que es don Mendo de Guzmán! A vuestro coche os volved.
Mendo	Furias del infierno son.
Lucrecia	¡Qué pena!
Ana	¡Qué confusión!

(Retírense don Mendo y Leonardo, y el Duque y don Juan van tras ellos.)

¡Cocheros, tened, tened!

(Vanse doña Ana y doña Lucrecia.)

Fin de la segunda jornada

JORNADA TERCERA

(Salen doña Ana y Celia; el Duque y don Juan; todos como acabaron la segunda jornada.)

Ana   ¿No advertís lo que habéis hecho?
    ¿Cómo tan despacio estáis?

Duque   Por nosotros no temáis.
    Quietad el hermoso pecho;
      pues, con probar la violencia
    que intentó aquel caballero,
    en nuestro favor espero
    que tendremos la sentencia.
     Y por su reputación
    le estará más bien callar.
    No penséis que ha de tratar
    de tomar satisfacción
      por justicia un caballero.
    ¿No veis lo mal que sonara
    que herido se confesara
    del brazo vil de un cochero
      un tan ilustre señor,
    dueño de tantos vasallos?
    De estos casos el callallos
    es el remedio mejor.

Ana   Siéntome tan obligada
    de vuestro valor extraño,
    que el temor de vuestro daño
    toda me tiene turbada.

Duque   No temáis.

Ana	El pecho fiel el daño está previniendo.
Duque	Quien pudo herir a don Mendo podrá defenderse de él.

(Hablan a secreto doña Ana y Celia.)

Celia	En hablar tan cortesanos, tan valientes en obrar, mucho dan que sospechar estos cocheros.
Ana	Las manos les mira, que la verdad nos dirán.
Celia	Es gran razón pagarles la obligación que tienes a su lealtad.

(Toma Celia las manos al Duque y vuélvese a hablar aparte a doña Ana.)

Pues por estas manos queda
tu honestidad defendida.
¡Ay, señora de mi vida!
Blandas son como una seda
y, en llegando cerca, son
sus olores soberanos.

Ana	¿Buen olor, y buenas manos? Clara está la información. Disimula.

(Don Juan se está escondiendo detrás del Duque.)

Celia (Aparte.)   (El otro está
                  siempre cubierto y callado.

(Va Celia por detrás de todos a coger de cara a don Juan.)

                  Cogerélo descuidado,
                  pues la aurora alumbra ya
                      lo que basta a conocerlo.

Ana   Amigos, puesto que así
                  os arriesgastes por mi
                  sin obligación de hacerlo,
                      de esta casa y de mi hacienda
                  os valed.

Duque   Los pies os beso,
                  mas yo no paso por eso;
                  que no es razón que se entienda
                      que fue sin obligación
                  el serviros; pues de un modo
                  se la pone al mundo todo
                  vuestra rara perfección.
                    Porque a quien os llega a ver,
                  dais gloria tan sin medida,
                  que aunque os pague con la vida,
                  os queda mucho a deber.

(Sale de detrás don Juan.)

Celia   Y vos, ¿sois mudo, cochero?
                  ¿De qué estáis triste? Volved,

	alzad el rostro, aprended ánimo del compañero. El que riñó sin temer, ¿teme sin reñir agora?
Duque	En vano os cansáis, señora; que es mudo.

Celia
(Aparte.)
	Bien puede ser.
	  (Mas yo don Juan de Mendoza
	pienso que es... Él es. ¿Qué dudo?
	El triste se finge mudo
	por no perder lo que goza
	  mientras encubierto está.)

(Hablan aparte doña Ana y Celia.)

	¿Quién dirás, señora, que es el callado?
Ana	Dilo pues.
Celia	¿Quién piensas tú que será?
Ana	No lo sé.
Celia	¿Quién puede ser quien, siendo gran caballero, quisiese ser tu cochero sólo por poderte ver? ¿Quién el que, con tal valor en un lance tan estrecho, pusiese a la espada el pecho por asegurar tu honor?

	¿Quién el que en penar se goza por tu amor, y tu desdén sigue enamorado? ¿Quién sino don Juan de Mendoza?
Ana	Bien dices. Sólo él haría finezas tan extremadas.
Celia	Bien merecen ser premiadas.
Ana	Que no las pierde, confía.
Duque	El sol sale, porque vos —que sol al mundo habéis sido en tanto que él ha dormido— reposéis agora. Adiós, y, así los cielos, que os dan belleza, os den larga vida, que no os inquiete la herida de don Mendo de Guzmán.

(Vase el Duque.)

Ana	Tras la ofensa que ha intentado, no hay por qué inquietarme pueda; que ni aun la ceniza queda en mí del amor pasado. Detén a don Juan, que quiero hablarle.
Celia	A servirte voy.
Ana	Y mientras con él estoy, entretén al compañero.

(Celia habla a don Juan que se retiraba siguiendo al Duque.)

Celia   Señor cochero fingido,
mi dueño os llama. Esperad.

Juana   ¡Un!...

Celia   No hay «un». Volved y hablad;
que ya os hemos conocido.

(Vase Celia.)

Juana   Eso debo a mi ventura.

Ana   ¿Qué es esto, don Juan?

Juana   Amor.

Ana   Locura, dirás mejor.

Juana   ¿Cuándo amor no fue locura?

Ana   Sí; mas los fines ignoro
de estos disfraces que veo.

Juana   Así miro a quien deseo;
así sirvo a quien adoro.

Ana   No; traidoras intenciones
encubren estos disfraces.

Juana   Falsas conjeturas haces
por negar obligaciones.

Ana	El probarte lo que digo, no es difícil.
Juana	Ya lo espero.
Ana	¿Quién es ese caballero y a qué fin viene contigo? Traer quien me diga amores, y escucharlos escondido, ¿podrás decir que no ha sido con pensamientos traidores?
Juana	¡Cuán lejos del blanco das! Que, si traidores los llamas, la mayor fineza infamas que ha hecho el amor jamás.
Ana	Dila, pues; que a agradecella, si no a pagarla, me obligo.
Juana	Por obedecer la digo, no por obligar con ella. Como mi mucha afición y poco merecimiento engendró en mi pensamiento justa desesperación, vino amor a dar un medio en desventura tan fiera, que a mi mal consuelo fuera, ya que no fuera remedio; y fue que te alcance quien te merezca. Tu bien quiero; que el efecto verdadero

es éste de querer bien.
　　A este fin tus partes bellas
al duque Urbino conté,
si contar posible fue
en el cielo las estrellas.
　　Él, de tu fama movido,
de tu recato obligado,
este disfraz ha ordenado,
con que te ha visto y oído.
　　Y ojalá que, conociendo
tu sujeto soberano,
dé, con pretender tu mano,
efecto a lo que pretendo;
　　que yo, con verte en estado
igual al merecimiento,
al fin quedaré contento,
ya que no quede pagado.
　　Ésta ha sido mi intención;
y si escuchaba escondido,
fue porque el ser conocido -
no estorbase la invención.
　　Que juzgues agora quiero
si he merecido o pecado,
pues de puro enamorado
vengo a servir de tercero.

Ana
　　Tu voluntad agradezco,
pero condeno tu engaño;
que presumes, por mi daño,
más de mí que yo merezco.
　　Porque no es a la excelencia
del duque igual mi valor;
que no engaña el propio amor
donde hay tanta diferencia.

    Fue mi padre un caballero
ilustre; mas yo imagino
que pensara honrarle Urbino
si lo hiciera su escudero.
  Y, así, a tan locos intentos
tus lisonjas no me incitan;
que afrentosos precipitan
los soberbios pensamientos.

Juana   Mucho, señora, te ofendes,
porque, sin tu calidad,
digna es por sí tu beldad
de más bien que en esto emprendes.
  No te merece gozar
el duque, ni el rey, ni...

Ana   Tente:
la fiebre de amor ardiente
te obliga a desatinar.
  Tu amoroso pensamiento
encarece mi valor,
¡Diérasle al duque tu amor,
que yo le diera tu intento!

Juana   ¿Quién podrá quererte menos
en viendo tu perfección?

Ana   Al fin, por tu corazón
quieres juzgar los ajenos;
  y es engaño conocido
que, si el tuyo por mi muere,
no con una flecha hiere
todos los pechos Cupido.
  Y aunque el Duque tenga amor,

                galán querrá ser, don Juan;
                y honra más que un rey galán
                un marido labrador.
                    Y aunque en el duque es forzosa
                la ventaja que le doy,
                grande para dama soy,
                si pequeña para esposa.

Juana   Nadie con tal pensamiento
                ofende tu calidad.

Ana   De mi consejo, dejad
                de terciar en ese intento;
                    porque mayor esperanza
                puede, al fin, tener de mí
                quien pretende para si,
                que quien para otro alcanza.

(Vase doña Ana.)

Juana   ¿Posible es que tal favor
                merecieron mis oídos?
                ¡Dichosos males sufridos!
                ¡Dulces victorias de amor!
                    «Que tendrá más esperanza
                —dijo, si bien lo entendí—,
                quien pretende para sí,
                que quien para otro alcanza.»
                    Que la pretenda mi amor
                me aconseja claramente;
                y la mujer que consiente
                ser amada, hace favor.

(Sale Beltrán.)

Beltrán	Mira que el duque te espera y no el padre de Faetón, que a publicar tu invención apresura su carrera.
Juana	En cas de mi amada bella son los años puntos breves.
Beltrán	En la taberna no bebes, pero te huelgas en ella.
Juana	Bien lo entiendes.
Beltrán	Alegría vierten tus ojos, señor.
Juana	Hacen fiestas a un favor.
Beltrán	Mucho alcanza la porfía.

(Sale Celia.)

Juana	Celia amiga, Dios te guarde.
Celia	Y te dé el bien que deseas.
Juana	Como de mi parte seas, no hay ventura que no aguarde.
Celia	Si en mi mano hubiera sido, tu dicha fuera la mía; mas, don Juan, sirve y porfía que no va tu amor perdido.

(Vase don Juan.)

Beltrán Y a mí ¿me aprovecharía
el servir como a mi amo?

Celia Pues ¿amas también?

Beltrán Yo amo
por sólo hacer compañía.

(Sale doña Ana.)

Ana (Aparte.) (Celia está con el criado
de don Juan, y no sosiego
hasta hablarle; ya está el fuego
en mi pecho declarado.)

Celia Mi señora.

Beltrán Voyme.

Ana Hidalgo,
volved. ¿Quién sois?

Beltrán Soy Beltrán,
un criado de don Juan
de Mendoza.

Ana ¿Queréis algo?

Beltrán Servirte sólo quisiera.
Aquí a Celia le decía
que amo por compañía.

Ana	No es conclusión verdadera. ¿Satirizas?
Beltrán	No conviene; que eso puede sólo hacer quien no tiene qué perder o qué le digan no tiene. Pero yo, ¿cómo querías que predique sin ser santo? ¿Qué faltas diré, si hay tanto que remediar en las mías?
Ana	Tu gusto desacreditas con esa cuerda intención, porque a la conversación la mejor salsa le quitas.
Beltrán	Si ella es salsa, es muy costosa, señora; que, bien mirado, ni hay más inútil pecado, ni falta más peligrosa. Después que uno ha dicho mal, ¿saca de hacerlo algún bien? Los que le escuchan más bien, ésos lo quieren más mal. Que cada cual entre sí dice, oyendo al maldiciente: «Éste, cuando yo me ausente, lo mismo dirá de mí.» Pues si aquél de quien murmura lo sabe, que es fácil cosa, ¿qué mesa tiene gustosa? ¿qué cama tiene segura?

      Viciosos hay de mil modos
      que no aborrecen la gente,
      y sólo del maldiciente
      huyen con cuidado todos.
       Del malo más pertinaz
      lastima la desventura;
      solamente al que murmura
      lleva el diablo en haz y en paz.
       En la corte hay un señor,
      que muchas veces oí...

(Aparte.)   (Esto encaja bien aquí
      para quitarle el amor)
       ...que está malquisto de modo,
      por vicioso en murmurar,
      que si lo vieran quemar
      diera leña el pueblo todo.
       ¿No conoces a don Mendo
      de Guzmán?

Ana   Beltrán, detente.
      El vicio del maldiciente
      has estado maldiciendo,
       ¿y con tal desenvoltura
      de don Mendo has murmurado?

Beltrán   Pienso que es exceptuado
      murmurar del que murmura.
       Dicen que el que hurta al ladrón
      gana perdones, señora.

Ana   Dicen mal. Vete en buen hora.

Beltrán   Da a mi ignorancia perdón
       si acaso te ha disgustado.

	(Aparte.)	(Mal disimula quien ama.)
(Vase Beltrán.)
Celia		Apagado se ha la llama,
		mas mucha brasa ha quedado.
		Pues su ofensa te ofendió,
		sin, duda que en tu memoria
		ha borrado amor la historia
		que esta noche te pasó.
Ana		Celia, ten. Cierra los labios;
		mira que mi honor ofendes,
		cuando de mi pecho entiendes
		que olvida así sus agravios.
		No los males he olvidado
		que ha dicho de mí don Mendo;
		la infame hazaña estoy viendo
		que hoy en el campo ha intentado,
		en que claramente veo,
		pues tan poco me estimaba
		que engañoso procuraba
		sólo cumplir su deseo.
		Con que ya en mi pensamiento
		no sólo el fuego apagué,
		pero cuanto el amor fue
		es el aborrecimiento.
		Mas esto no da licencia
		para que un bajo criado,
		de hombre tan calificado
		hable mal en mi presencia;
		que no por la enemistad
		que entre dos nobles empieza,
		pierden ellos la nobleza,

    ni el villano la humildad.
       Esto, Celia, me ha obligado
    a indignarme con Beltrán;
    que no porque ya don Juan
    no esté solo en mi cuidado.

Celia   ¿Al fin su fe te ha vencido?

Ana   Con lo que anoche pasó,
    cuanto don Mendo bajó,
    él en mi rueda ha subido.

Celia   ¿Declarástele tu amor?

Ana   ¿Tan liviana me has hallado?
    ¿No basta haberle mostrado
    resplandores de favor?

Celia   ¡Liviana dices, después
    de dos años que por ti
    ha andado fuera de sí!
    Bien parece que no ves
       lo que en las comedias hacen
    las infantas de León.

Ana   ¿Cómo?

Celia   Con tal condición
    o con tal desdicha nacen,
       que, en viendo un hombre, al momento
    le ruegan y mudan traje,
    y, sirviéndole de paje,
    van con las piernas al viento.
       Pues tú, que obligada estás

         de tanto tiempo y fe tanta
         —si bien señora, no infanta—
         honestamente podrás
             decirle tu voluntad
         con prevenciones discretas,
         sin temer que a los poetas
         les parezca impropiedad.

Ana   ¿Poco a poco no es mejor?

Celia   ¿Tú quiéreslo?

Ana   Celia, sí.

Celia   ¿Sabes que él muere por ti?

Ana   Bien cierta estoy de su amor.

Celia   Pues cuando de esa verdad
             hay certidumbre, yo hallo
             más crueldad en dilatallo
             que en decillo liviandad;
                 que el tiempo sirve de dar
             del amor información,
             y es necia la dilación
             si no queda qué probar.

Ana   El sujetarme es forzoso,
             Celia, a tu agudeza extraña.

Celia   Es verdad que es poca hazaña
             persuadir a un deseoso.

(Vanse doña Ana y Celia. Sale don Mendo, con banda y sin espada, y el

Conde.)

Mendo   «Mis cocheros me han vendido»,
dijo mi enemiga apenas,
cuando en espadas y dagas
truenan agotes y riendas;
y como animosos, mudos,
indicio de su fiereza
—que da el valor a los pechos
lo que les quita a las lenguas—
embistieron dos a dos
con tal ímpetu y violencia,
que pensé, viendo el exceso
de su valor y sus fuerzas,
que, transformado en cochero
Jove por mi ingrata bella,
vibraba rayos ardientes
para vengar sus ofensas.
Porque sus valientes golpes
eran tantos, que no suenan
en la fragua de Vulcano
los martillos tan apriesa.
Al fin, primo —que a vos solo
puedo confesar mi afrenta—
la espada de un hombre humilde
pudo herirme en la cabeza;
y tanta sangre corría,
con ser la herida pequeña,
que, cegándome los ojos,
puso fin a la pendencia.
Volví a curarme a Alcalá,
que estaba a cuarto de legua,
más con rabia de la causa,
que del efecto con pena.

	Esto ha podido en doña Ana
una mal fundada queja,
y éste es el premio que traigo
de celebrarla en las fiestas.
Conde	¿Hay suceso más extraño?
¿Y habéis sabido quién eran
cocheros tan valerosos?
Mendo	Como se va con cautela
procurando, por mi honor,
que el suceso no se sepa,
no es averiguarlo fácil;
mas yo tengo una sospecha;
que siempre estas viudas mozas
hipócritas y santeras,
tienen galanes humildes
para que nadie lo entienda.
Tal valor en un cochero
los celos no más lo engendran;
que nunca así por leales
los hombres bajos se arriesgan.
Esto se viene rodado,
que si no, no lo dijera;
que ya sabéis que no suelo
meterme en vidas ajenas.
Conde (Aparte.)	(¡Así tengas la salud!)
No vengo en esa sospecha.
El enojo os precipita
contra tan honradas prendas;
y no es justo hablar así
de quien puede ser que sea
vuestra esposa.

Mendo	Yo he perdido la esperanza y la paciencia.
Conde	¿Tan presto?
Mendo	Volverme quiero a mi constante Lucrecia.
Conde (Aparte.)	(¡Malas nuevas te dé Dios!) Indicios dais de flaqueza. Si doña Ana está engañada, procurad satisfacerla.
Mendo	Niega a mi voz los oídos.
Conde	Entrad y habladla con fuerza; porque quien el dueño ha sido, siempre tiene esa licencia, mientras no se satisface de que es la mudanza cierta. Quizá enojada os castiga, y no os despide resuelta. O decid vuestras disculpas en un papel.
Mendo	Yo lo hiciera, si hubiera de recibirlo.
Conde	Yo me obligo a que lo lea.
Mendo	¿Cómo?
Conde	Dámele; que yo

	lo pondré en sus manos mesmas.
Mendo	Al punto voy a escribir.

(Vase don Mendo.)

Conde   Y yo a pedir a Lucrecia
que me cumpla su palabra,
pues ha visto sus ofensas;
que, pues con doña Ana vino
de Alcalá en un coche, es fuerza
que viera lo que has contado,
y su desengaño viera.
Y este papel ha de ver,
para que negar no pueda;
que modo habrá de excusarme
cuando don Mendo lo sepa.
Y consiga yo mi intento,
suceda lo que suceda;
que no mira inconvenientes
el que ciega Amor de veras.

(Vase el Conde. Salen don Juan y Beltrán.)

Beltrán   Qué, ¿llegó el tiempo?

Juana   Llegó
el fin de las ansias mías.

Beltrán   ¡Gracias a Dios que en mis días
un milagro sucedió!
¿Que a doña Ana le das pena?
¿Que olvida al Guzmán Narciso?
Éste es el tiempo que quiso

ver el Marqués de Villena.
   Es verdad que de cada año
lo mismo decir he oído;
pero viene aquí nacido
con suceso tan extraño.
   ¿Que te quiere bien?

Juana   Sin duda.
Ya lo dijo claramente,
y un ángel, Beltrán, no miente.

Beltrán   Todo en efeto se muda,
   pues algún tiempo, averiguo
que fue ya la calva hermosa.
Jamás el tiempo reposa.
   ¿No dice un romance antiguo:

   «Por mayo era, por mayo;
cuando los grandes calores,
cuando los enamorados
a sus damas llevan flores?»

   Pues, ¿ves? Aquí se ha pasado
a septiembre ya el calor.
Pero sospecho, señor,
que tú también te has mudado.
   ¿De qué tal melancolía
te ha cargado en un instante?
Tahúr parece el amante,
pues no dura su alegría.
   Pero advierto que es flaqueza.

Juana   Déjame con mi aflicción.

Beltrán	¿Ello importa a la invención, señor? Pues va de tristeza.
Juana	Beltrán, la mudanza mía en mudarse toda está; que también se mudará la causa de mi alegría. Que adora así su beldad el duque Urbino, que creo que, por lograr su deseo, perderá la libertad.
Beltrán	¿Que se case temes?
Juana	Si.
Beltrán	Pues si tu querida alcanza de vista aquesa esperanza, bien pueden doblar por ti; que por llamarse excelencia, ¿qué no hará una mujer?
Juana	Eso me obliga a perder la esperanza y la paciencia.
Beltrán	Pues al remedio, señor.
Juana	Dilo tú, si alguno ves.
Beltrán	Si él ama así, no lo es el declararle tu amor. Mas, pues que tu amada bella contigo está declarada, antes que él la persuada,

                cásate, señor, con ella.

Juana   ¿Cómo la podré obligar
                tan brevemente?

Beltrán   Fingiendo
                que la herida de don Mendo
                se ha sabido en el lugar,
                  y con esto el vulgo toca
                en la opinión de doña Ana;
                que tengo por cosa llana
                que, por taparle la boca,
                  si se ha de determinar
                tarde, que quiera temprano
                darte de esposa la mano.
                Con esto puedes mostrar
                  un desconfiado pecho
                con recelos de su fe,
                por que su mano te dé
                para verte satisfecho.
                  Que pues dice claramente
                que te quiere, y tú la quieres,
                o ha de hacer lo que quisieres,
                o ha de confesar que miente.

Juana   Al jardín irá esta tarde;
                allí la tengo de ver
                y seguir tu parecer.

Beltrán   Nunca ha vencido el cobarde.
                  El duque es éste.

(Salen el Duque y Fabio, su criado.)

Juana	¿Señor?
Duque	Don Juan amigo, yo muero...
Juana	¿Cómo?
Duque	En un combate fiero
de celos, desdén y amor.
Al ingrato como bello
ángel que adoro, escribí
hoy un papel...
Juana (Aparte.)	(¡Ay de mí!)
Duque	Y no ha querido leello.
Juana (Aparte.)	(El alma al cuerpo me ha vuelto.)
Pues ¿cómo tanto rigor?
Duque	Nacido es de ajeno amor
un disfavor tan resuelto.
Juana	Yo a ser amada atribuyo
el mostrarse tan ingrata.
Duque	Cuando el efeto me mata,
sobre la causa no arguyo.
Lo que es cierto es que yo muero.
Vos, don Juan, me aconsejad.
Juana	De tan resuelta crueldad
la mudanza desespero.
Dejarlo es mi parecer,
antes que crezca el amor.

Duque	Ya no puede ser mayor.
Juana	Pues amar y padecer.

(Sale Marcelo, criado del Duque.)

Marcelo	¿Puedo hablarte?
Duque	Sí, Marcelo.
Marcelo	Dame albricias.
Duque	Tu tardanza me mata.
Marcelo	Ya tu esperanza ha hallado puerta en tu cielo. Hoy va tu dueño cruel al jardín, y un escudero —que esto ha podido el dinero— quiere darte entrada en él.
Duque	Abrázame.
Beltrán (Aparte.)	(¡Qué doblones!)
Duque	¿No iréis conmigo, don Juan?
Juana	Señor, los que solos van gozan bien las ocasiones.
Duque	Bien decís. Vedme después que se esconda el sol dorado;

sabréis lo que me ha pasado.

(Vase el Duque y los dos criados.)

Juana ¡Mal haya el vil interés,
 por quien ni honor ni opinión
 podemos asegurar!

Beltrán Lo que importa es madrugar
 y hurtarle la bendición.

(Vanse don Juan y Beltrán. Salen el Conde y doña Lucrecia.)

Conde ¿Negarás, señora mía,
 la palabra que me diste?

Lucrecia Yo no la niego.

Conde ¿Y que viste,
 cuando doña Ana venía
 de Alcalá, tu desengaño?

Lucrecia Eso tampoco te niego;
 mas, aunque se apagó el fuego,
 quedan reliquias del daño.

Conde Pues porque arrojes del pecho
 las cenizas que han quedado,
 mira el papel que me ha dado
 don Mendo, de amor deshecho,
 para aplacar el rigor
 de doña Ana de Contreras.
 Si más agravios esperas,
 será bajeza y no amor.

(Dale un papel y lee Lucrecia.)

Lucrecia
«El que sin oír condena,
oyendo ha de condenar;
y esto me obliga a pensar
que es sin remedio mi pena.
Ya que el cielo así lo ordena,
dadme sólo un rato oído,
que, si culpado lo pido,
para más pena ha de ser,
sino que os daña saber
que jamás os he ofendido.»

Conde
¿Conoces la letra?

Lucrecia
Sí.

Conde
¿Ves tu engaño?

Lucrecia
Ya lo veo,
conde, y pagarte deseo
lo que padeces por mí;
   que, además de que premiarte
es justo tan firme fe,
gusto a mi padre daré,
que es en esto de tu parte.
   Hazme gusto de esconderte
por el jardín. No te vea
mi prima.

Conde
El alma desea
por gloria el obedecerte.

(Vase el Conde. Salen doña Ana y Celia.)

Celia ¿Que de esa manera estás?

Ana Después que estoy declarada,
 cuanto más resistí helada
 tanto voy ardiendo más.
  ¿Quién detrás de este arrayán
 súbitamente lo hallara!

Celia «¡Ay, Celia, y qué mala cara
 y mal talle de don Juan!»
  ¿Ves lo que en un hombre vale
 el buen trato y condición?

Ana Tanto, que ya en mi opinión
 no hay Narciso que le iguale.
  Prima, ¿qué es eso que lees?

Lucrecia Un billete de don Mendo,
 y mostrártelo pretendo,
 por si sus promesas crees.

Ana Ni lo escucho ni le creo.
 Bien puedes vivir segura.

(Le da el papel a doña Ana y ella se pone a leerlo.)

Lucrecia ¡No le dé Dios más ventura
 de la que yo le deseo!
  Sólo pretendo que de él
 entiendas lo que te quiere.
(Aparte.) (Haréle el mal que pudiere,
 pues da ocasión el papel.)

(Sale don Juan.)

Celia (Aparte.) (Llega atrevido y dichoso.)

(Don Juan se llega por un lado a doña Ana.)

Juana (Aparte.) (Un papel está leyendo,
y es la letra de don Mendo.)
¿Tendrá licencia un celoso,
a quien tu dueño has llamado,
para ver ese papel?

Ana Don Juan, si ha nacido de él
ese celoso cuidado,
pide licencia primero
a mi prima y lo verás.

Juana ¿Luego licencia me das
de decille que te quiero?

Ana Sí; que este lance es forzoso,
puesto que el alma te adora.

Juana Dadme licencia, señora,
por amante o por celoso,
para ver este papel.

Lucrecia Mi gusto en doña Ana vive.

Ana Agora sabe que escribe
don Mendo a Lucrecia en él.

Juana ¿Don Mendo a Lucrecia?

Ana   Sí;
            decirlo puede mi prima.

Juan   Si tanto tu gusto estima,
            más que eso dirá por ti;
               pero aquí el mismo papel
               es bien que el testigo sea.

Lucrecia   Satisfacerme desea,
            y audiencia me pide en él.

(Toma don Juan el papel y lee.)

Juana   «El que sin oír condena,
            oyendo ha de condenar,
            y esto me obliga a pensar
            que es sin remedio mi pena.
            Ya que el cielo así lo ordena,
            dadme solo un rato oído,
            que, si culpado lo pido,
            para, más pena ha de ser;
            sino que os daña saber
            que jamás os he ofendido.»

               Doña Ana, ¿qué te ha obligado
            a pretenderme engañar?
            ¿Qué te puedo yo importar
            no querido y engañado?
               A ti vienen dirigidas
            las razones que he leído;
            que sobre lo sucedido,
            son palabras conocidas.

Ana	Cuando a mí venga el papel,
	¿da gracias de algún favor,
	o quejas de mi rigor?
	Luego te obligo con él.
Juana	Mejor modo de obligar
	fuera no haberlo leído,
	que quien escucha ofendido,
	no huye de perdonar.
	¿Ajeno papel recibes
	cuando mía te has nombrado?
	O poco me has estimado
	o livianamente vives.
	De donde he ya conocido
	que vivir me está más bien
	desdichado en tu desdén,
	que en tu favor ofendido.
	Yo me iré donde jamás
	pueda otra vez engañarme
	tu favor...
Ana	¿Quieres matarme, señor?
Juana	Suelta.
Ana	No te irás
	sin oírme. Prima mía,
	ayúdamele a tener.
Juana	Soltad.
Lucrecia	Ya es esto perder
	la debida cortesía.

Celia	Don Mendo está en el jardín.
Ana	¿Don Mendo?
Celia	Por fuerza ha entrado.
Ana	A coyuntura ha llegado, que daré a tus celos fin. Los dos tras ese arrayán os entrad, donde escondidos, los ojos y los oídos satisfacción os darán.
Juana	Sola tu mano ha de ser quien me tenga satisfecho.
Ana	Señor eres ya del pecho; poco te queda que hacer.

(Sale don Mendo. Doña Lucrecia y don Juan, se esconden. Celia queda retirada, cerca de ellos.)

Mendo	Ni quiero que me perdones ni volver quiero a tu gracia; y si tal pidiere, cierra el oído a mis palabras. Mis descargos solamente quiero que escuches, doña Ana, por volver por mi opinión, no por culpar tu mudanza. Si al duque Urbino de ti dije una noche mil faltas, fue temor de que en su pecho

engendrase Amor tu fama;
porque don Juan de Mendoza
contaba sus alabanzas,
y a la pólvora de un modo
la menor centella basta.
A tu prima le escribí
mil agravios por tu causa,
desengañando su amor
y encareciendo tus gracias.
Si ella te ha dicho otra cosa,
presto verás que te engaña;
que el traslado traigo aquí.
Oye sus mismas palabras.

(Lee don Mendo.) «Tu sentimiento encareces
sin escuchar mis disculpas.
Cuanto sin razón me culpas,
tanto con razón padeces.
Si miras lo que mereces,
verás cómo la pasión
te obliga a que, sin razón,
agravies, en tu locura,
con las dudas, la hermosura;
con los celos, la elección.
 Lucrecia, de ti a doña Ana
ventaja hay más conocida
que de la muerte a la vida,
de la noche a la mañana.
¿Quién a la hermosa Diana
trocará por una estrella?
Deja la injusta querella,
desengaña tus enojos;
que tengo un alma y dos ojos
para escoger la más bella.»

               Mira si más claramente
            pude yo desengañarla.
            Si ella lo entendió al revés,
            en mí no estuvo la falta.
            Que quise en el campo usar
            de fuerzas dirás. ¡Ah, ingrata!
            Como a esposa lo intenté,
            si te ofendí como a extraña;
            y delinquir en el campo
            no fue mucho, si llevara
            anticipado el castigo
            con mil flechas en el alma.
            Tus quejas y mis disculpas
            éstas son. La furia amansa.
            Huya de tu hermoso cielo
            la nube de tu desgracia;
            que el cielo, el aire, la tierra
            son testigos de mis ansias.
            No hay quien dude mis verdades
            sino tú, que eres la causa.
            Ésta es mi mano de esposo;
            y con disculpa tan clara,
            o no niegues mi firmeza,
            o confiesa tu mudanza.

Lucrecia (Aparte.)   (Aquí se casan sin duda.)

Juana (Aparte.)   (Aquí sin duda se casan.)
            ¿Saldré, Celia?

Celia   No la enojes
            cuando te importa obligarla.

(Sale el Duque con un Escudero, y quédase escondido a una parte del teatro tras el paño.)

Escudero   De aquí podéis aguardar
              a que don Mendo se vaya.

(Vase el Escudero.)

Ana   Don Mendo, yo te confieso
              que tu descargo es muy llano,
              y que con darme la mano
              puede cerrarse el proceso;
                 pero tu intento no tiene
              remedio; ya me has perdido,
              y resuelto el ofendido,
              tarde la disculpa viene.
                 Digo que fue la intención
              con que hablaste mal de mí
              al duque, querer así
              librarme de su afición;
                 mas fue público el hablar,
              la intención oculta fue.
              Si por lo escrito juzgué,
              no te me puedes quejar.
                 Y agora te desengaña
              de cuán malo es hablar mal
              pues con ser la causa tal
              y el fin tan bueno, te daña.
                 Por el mal medio condeno
              el buen fin. Todo lo igualo;
              en que verás que lo malo,
              aun para buen fin, no es bueno.
                 Tu lengua te condenó
              sin remedio a mi desdén.

              A toda ley, hablar bien,
              que a nadie jamás dañó.
              Con esto, si eres discreto,
              mudar intento podrás.

Mendo   ¿Resuelta en efeto estás?

Ana   Resuelta estoy en efeto.

Mendo   Mira lo que dices.

Ana   Digo
              que es vana tu prevención.
              porque ésta, resolución
              es, don Mendo, no castigo.

Mendo   Ya lo que dice de ti
              la fama creer es justo;
              que informa de tu mal gusto
              el aborrecerme a mí.
                 Del cochero que me hirió
              se habla mal, y mal sospecho,
              que tal brío en bajo pecho,
              de tus favores nació.

Ana   Tente, no me digas más.
              Yo estorbaré mis afrentas.
              Por donde obligarme intentas
              del todo me perderás.
                 El cochero que te hirió,
              don Mendo, mostrarte quiero.
              Bien podéis salir, cochero.

(Salen al teatro, y todos empuñan las espadas. Don Juan y doña Lucrecia por un lado, y por otro el Duque. Después, Beltrán y el Conde.)

Juana   Yo soy el cochero.

Duque   Y Yo.

Ana   Caballeros, deteneos;
                  que a mí ese daño me hacéis.

Duque   Basta que vos lo mandéis.

Juana   Serviros son mis deseos.

Ana   Éstos los cocheros son
                  por quien mi opinión se infama
                  y por quitar a la fama
                  de mi afrenta la ocasión,
                    le doy la mano de esposa
                  a don Juan.

(Danse las manos.)

Juana   Y yo os la doy.

Celia   ¡Buena Pascua!

Beltrán   ¡Loco estoy!

(Empuña el Duque contra don Juan.)

Duque   Vuestra amistad engañosa
                  castigaré.

Juana	Deteneos;
que yo nunca os engañé.
Recato y no engaño fue
encubriros mis deseos;
 que, si os queréis acordar,
sólo os tercié para verla,
y, en empezando a quererla,
ya dejé de acompañar.

Ana	Y en fin, si bien lo miráis,
el dueño fui de mi mano;
y sobre mi gusto, en vano
sin mi gusto disputáis.
 A don Juan la mano di,
porque me obligó diciendo
bien de mí, lo que don Mendo
perdió hablando mal de mí.
 Éste es mi gusto, si bien
misterio del cielo ha sido,
con que mostrar ha querido
cuánto vale el hablar bien.

Mendo	Antes sospecho que fue
pena del loco rigor,
con que, por ti, el firme amor
de tu prima desprecié.
 Mas con llorar mi mudanza
y gozar su mano bella,
estorbaré su querella
y mi engaño y tu venganza.

Lucrecia	¿Quién os dijo que sustenta
hasta agora el alma mía
vuestra memoria?

Beltrán	Él hacía
	sin la huéspeda la cuenta.
Lucrecia	Vos hablastes, pretendiendo
	a doña Ana, mal de mí.
Mendo	¿Yo a doña Ana mal de ti?
Lucrecia	Las paredes oyen, Mendo.

    Mas, puesto que en vos es tal
la imprudencia, que queréis
ser mi esposo, cuando habéis
hablando de mí tan mal,
    yo no pienso ser tan necia
que esposa pretenda ser
de quien quiere por mujer
a la misma que desprecia;
    y, porque con la esperanza
el castigo no aliviéis,
lo que por falso perdéis,
el Conde por firme alcanza.
    Vuestra soy.

(Da la mano al Conde.)

Mendo	¡Todo lo pierdo!
	¿Para qué quiero la vida?
Conde	Júzgala también perdida,
	si en hablar no eres más cuerdo.
Beltrán	Y pues este ejemplo ven,
	suplico a vuesas mercedes

miren que oyen las paredes,
y, a toda ley, hablar bien.

Fin de la comedia

Libros a la carta

A la carta es un servicio especializado para
empresas,
librerías,
bibliotecas,
editoriales
y centros de enseñanza;
y permite confeccionar libros que, por su formato y concepción, sirven a los propósitos más específicos de estas instituciones.

Las empresas nos encargan ediciones personalizadas para marketing editorial o para regalos institucionales. Y los interesados solicitan, a título personal, ediciones antiguas, o no disponibles en el mercado; y las acompañan con notas y comentarios críticos.

Las ediciones tienen como apoyo un libro de estilo con todo tipo de referencias sobre los criterios de tratamiento tipográfico aplicados a nuestros libros que puede ser consultado en www.linkgua.com.

Linkgua edita por encargo diferentes versiones de una misma obra con distintos tratamientos ortotipográficos (actualizaciones de carácter divulgativo de un clásico, o versiones estrictamente fieles a la edición original de referencia).

Este servicio de ediciones a la carta le permitirá, si usted se dedica a la enseñanza, tener una forma de hacer pública su interpretación de un texto y, sobre una versión digitalizada «base», usted podrá introducir interpretaciones del texto fuente. Es un tópico que los profesores denuncien en clase los desmanes de una edición, o vayan comentando errores de interpretación de un texto y esta es una solución útil a esa necesidad del mundo académico.

Asimismo publicamos de manera sistemática, en un mismo catálogo, tesis doctorales y actas de congresos académicos, que son distribuidas a través de nuestra Web.

El servicio de «libros a la carta» funciona de dos formas.
1. Tenemos un fondo de libros digitalizados que usted puede personalizar en tiradas de al menos cinco ejemplares. Estas personalizaciones pueden ser de todo tipo: añadir notas de clase para uso de un grupo de estudiantes, introducir logos corporativos para uso con fines de marketing empresarial, etc. etc.

2. Buscamos libros descatalogados de otras editoriales y los reeditamos en tiradas cortas a petición de un cliente.

Colección DIFERENCIAS

Diario de un testigo de la guerra de África	Alarcón, Pedro Antonio de
Moros y cristianos	Alarcón, Pedro Antonio de
Argentina 1852. Bases y puntos de partida para la organización política de la República de Argentina	Alberdi, Juan Bautista
Apuntes para servir a la historia del origen y alzamiento del ejército destinado a ultramar en 1 de enero de 1820	Alcalá Galiano, Antonio María
Constitución de Cádiz (1812)	Autores varios
Constitución de Cuba (1940)	Autores varios
Constitución de la Confederación	Autores varios
Sab	Avellaneda, Gertrudis Gómez de
Espejo de paciencia	Balboa, Silvestre de
Relación auténtica de las idolatrías	Balsalobre, Gonzalo de
Comedia de san Francisco de Borja	Bocanegra, Matías de
El príncipe constante	Calderón de la Barca, Pedro
La aurora en Copacabana	Calderón de la Barca, Pedro
Nuevo hospicio para pobres	Calderón de la Barca, Pedro
El conde partinuplés	Caro Mallén de Soto, Ana
Valor, agravio y mujer	Caro, Ana
Brevísima relación de la destrucción de las Indias	Casas, Bartolomé de
De las antiguas gentes del Perú	Casas, Bartolomé de las
El conde Alarcos	Castro, Guillén de
Crónica de la Nueva España	Cervantes de Salazar, Francisco
La española inglesa	Cervantes Saavedra, Miguel de
La gitanilla	Cervantes Saavedra, Miguel de
La gran sultana	Cervantes Saavedra, Miguel de

Los baños de Argel	Cervantes Saavedra, Miguel de
Pedro de Urdemalas	Cervantes Saavedra, Miguel de
Trato de Argel	Cervantes Saavedra, Miguel de
Carta de Colón anunciando el descubrimiento	Colón, Cristóbal
Recuerdos de un hacendado	Daireaux, Godofredo
Dogma socialista	Echeverría, Esteban
El matadero	Echeverría, Esteban
Libro de la vida y costumbres de don Alonso Enríquez de Guzmán	Enríquez de Guzmán, Alonso
La Araucana	Ercilla y Zúñiga, Alonso de
Relaciones de la vida del escudero Marcos de Obregón	Espinel, Vicente
El militar cristiano contra el padre Hidalgo y el capitán Allende	Estrada, Francisco
Revelación sobre la reincidencia en sus idolatrías	Feria, Pedro de
El grito de libertad	Fernández de Lizardi, José Joaquín
El periquillo Sarmiento	Fernández de Lizardi, José Joaquín
La tragedia del padre	Fernández de Lizardi, José Joaquín
Obras	Fernández de Lizardi, José Joaquín
Unipersonal del arcabuceado	Fernández de Lizardi, José Joaquín
Los españoles en Chile	González de Bustos, Francisco
Vida y hazañas del Gran Tamorlán	González de Clavijo, Ruy
Cuentos de muerte y de sangre	Güiraldes, Ricardo
Don Segundo Sombra	Güiraldes, Ricardo
El gaucho Martín Fierro	Hernández, José
La vuelta de Martín Fierro	Hernández, José
Famoso entremés Getafe	Hurtado de Mendoza, Antonio
Historia de la guerra de Granada	Hurtado de Mendoza, Diego
El delincuente honrado	Jovellanos, Gaspar Melchor de
Don Juan de Austria o la vocación	Larra, Mariano José de
El arte de conspirar	Larra, Mariano José de

Ideario español	Larra, Mariano José de
Historia general de las Indias	López de Gómara, Francisco
Caramurú	Magariños Cervantes, Alejandro
Abdala	Martí, José
Diario de campaña	Martí, José
Escenas americanas	Martí, José
La edad de oro	Martí, José
La monja alférez	Mateos, José
Historia eclesiástica indiana	Mendieta, Jerónimo de
La adversa fortuna de don Álvaro de Luna	Mira de Amescua, Antonio
La confusión de Hungría	Mira de Amescua, Juan José
La judía de Toledo	Mira de Amescua, Juan José
La vida y muerte de la monja de Portugal	Mira de Amescua, Juan José
Las lises de Francia	Mira de Amescua, Juan José
Los carboneros de Francia y reina Sevilla	Mira de Amescua, Juan José
Amar por razón de Estado	Molina, Tirso de
Amazonas en las Indias	Molina, Tirso de
Las quinas de Portugal	Molina, Tirso de
Revista política de las diversas administraciones que ha tenido la República hasta 1837	Mora, José María Luis
Santa Rosa del Perú	Moreto y Cabaña, Agustín
Historia de los indios de la Nueva España	Motolínia, Toribio de Benavente
Gramática de la lengua castellana	Nebrija, Antonio de
Recuerdos de la campaña de África	Núñez de Arce, Gaspar
México libre	Ortega, Francisco
Guerra de Granada	Palencia, Alonso Fernández de
La monja alférez	Pérez de Montalbán, Juan
Las fazañas de Hidalgo, Quixote de nuevo cuño, facedor de	

tuertos, etc.	Pomposo Fernández, Agustín
Breve relación de los dioses y ritos de la gentilidad	Ponce, Pedro
Execración contra los judíos	Quevedo y Villegas, Francisco de
La morisca de Alajuar	Rivas, Ángel Saavedra, Duque de
Malek-Adhel	Rivas, Ángel Saavedra, Duque de
Sublevación de Nápoles capitaneada por Masanielo	Rivas, Ángel Saavedra, Duque de
Los bandos de Verona	Rojas Zorrilla, Francisco de
Santa Isabel, reina de Portugal	Rojas Zorrilla, Francisco de
La manganilla de Melilla	Ruiz de Alarcón y Mendoza, Juan
Informe contra los adoradores de ídolos del obispado de Yucatán	Sánchez de Aguilar, Pedro
Vida de Juan Facundo Quiroga	Sarmiento, Domingo Faustino
Tratado de las supersticiones, idolatrías, hechicerías, y otras costumbres de las razas aborígenes de México	Serna, Jacinto de la
Correo del otro mundo	Torres Villarroel, Diego de
El espejo de Matsuyama	Valera, Juan
Estudios críticos sobre historia y política	Valera, Juan
Leyendas del Antiguo Oriente	Valera, Juan
Los cordobeses en Creta	Valera, Juan
Nuevas cartas americanas	Valera, Juan
El otomano famoso	Vega, Lope de
Fuente Ovejuna	Vega, Lope de
Los pacos de los reyes y judía de Toledo	Vega, Lope de
Los primeros mártires de Japón	Vega, Lope de
Comedia nueva del apostolado en las Indias y martirio de un cacique	Vela, Eusebio
La pérdida de España	Vela, Eusebio

La conquista de México	Zárate, Fernando de
La traición en la amistad	Zayas y Sotomayor, María de
Apoteosis de don Pedro Calderón de la Barca	Zorrilla, José

Colección EROTICOS

Cuentos amatorios	Alarcón, Pedro Antonio de
El sombrero de tres picos	Alarcón, Pedro Antonio de
El libro del buen amor	Arcipreste de Hita, Juan Ruiz
Diario de amor	Gómez de Avellaneda, Gertrudis
A secreto agravio, secreta venganza	Calderón de la Barca, Pedro
No hay burlas con el amor	Calderón de la Barca, Pedro
Lisardo enamorado	Castillo y Solórzano, Alonso del
El amante liberal	Cervantes, Miguel de
Adúltera	Martí, José
El burlador de Sevilla	Molina, Tirso de
Arte de las putas	Moratín, Nicolás Fernández de
El examen de maridos...	Ruiz de Alarcón y Mendoza, Juan
La dama boba	Vega, Lope de
Reinar después de morir	Vélez de Guevara, Luis
Don Juan Tenorio	Zorrilla, José

Colección ÉXTASIS

De los signos que aparecerán	Berceo, Gonzalo de
Milagros de Nuestra Señora	Berceo, Gonzalo de
Empeños de la casa de la sabiduría	Cabrera y Quintero, Cayetano de
Autos sacramentales	Calderón de la Barca, Pedro
El alcalde de Zalamea	Calderón de la Barca, Pedro
El divino cazador	Calderón de la Barca, Pedro
El divino Orfeo	Calderón de la Barca, Pedro
El gran teatro del mundo	Calderón de la Barca, Pedro
El mágico prodigioso	Calderón de la Barca, Pedro
La casa de los linajes	Calderón de la Barca, Pedro
La dama duende	Calderón de la Barca, Pedro

La vida es sueño	Calderón de la Barca, Pedro
Loa a El Año Santo de Roma	Calderón de la Barca, Pedro
Loa a El divino Orfeo	Calderón de la Barca, Pedro
Loa en metáfora de la piadosa hermandad del refugio	Calderón de la Barca, Pedro
Los cabellos de Absalón	Calderón de la Barca, Pedro
No hay instante sin milagro	Calderón de la Barca, Pedro
Sueños hay que verdad son	Calderón de la Barca, Pedro
El retablo de las maravillas	Cervantes Saavedra, Miguel de
El rufián dichoso	Cervantes Saavedra, Miguel de
Novela del licenciado Vidriera	Cervantes Saavedra, Miguel de
Amor es más laberinto	Cruz, sor Juana Inés de
Blanca de Borbón	Espronceda, José de
El estudiante de Salamanca	Espronceda, José de
Poemas	Góngora y Argote, Luis de
Poemas	Heredia, José María
Libro de la vida	Jesús, santa Teresa de Ávila o de
Obras	Jesús, santa Teresa de
Exposición del Libro de Job	León, fray Luis de
Farsa de la concordia	Lopez de Yanguas
Poemas	Milanés, José Jacinto
El laberinto de Creta	Molina, Tirso de
Don Pablo de Santa María	Pérez de Guzmán, Fernán
Poemas	Plácido, Gabriel de Concepción
Poemas	Quevedo, Francisco de
Los muertos vivos	Quiñones de Benavente, Luis
Primera égloga	Garcilaso de la Vega

Colección HUMOR

Lazarillo de Tormes	Anónimo
El desafío de Juan Rana	Calderón de la Barca, Pedro
La casa holgona	Calderón de la Barca, Pedro
La dama duende	Calderón de la Barca, Pedro
Las jácaras	Calderón de la Barca, Pedro

La entretenida	Cervantes Saavedra, Miguel de
Fábulas literarias	Iriarte, Tomás de
Desde Toledo a Madrid	Molina, Tirso de
El desdén, con el desdén	Moreto y Cabaña, Agustín
El alguacil endemoniado	Quevedo, Francisco de
Fábulas	Samaniego, Félix María
El caballero de Olmedo	Vega, Lope de
El perro del hortelano	Vega, Lope de

Colección MEMORIA

Cosas que fueron	Alarcón, Pedro Antonio de
Juicios literarios y artísticos	Alarcón, Pedro Antonio de
Memorial dado a los profesores de pintura	Calderón de la Barca, Pedro
Juvenilia	Cané, Miguel
Autobiografía de Rubén Darío (La vida de Rubén Darío escrita por él mismo)	Felix Rubén García Sarmiento (Rubén Darío)
Oráculo manual y arte de prudencia	Gracián, Baltasar
Vida de Carlos III	Fernán-Núñez, Carlos Gutiérrez de los Ríos
Examen de ingenios para las ciencias	Huarte de San Juan, Juan
Vida del padre Baltasar Álvarez	Puente, Luis de la
Del obispo de Burgos	Pulgar, Hernando del
Breve reseña de la historia del reino de las Dos Sicilias	Duque de Rivas, Ángel Saavedra
Cartas	Valera, Juan
El arte nuevo de hacer comedias en este tiempo	Vega y Carpio, Félix Lope de
Diálogos	Vives, Luis

Colección VIAJES

De Madrid a Nápoles	Alarcón, Pedro Antonio de

La Alpujarra	Alarcón, Pedro Antonio de
Viajes por España	Alarcón, Pedro Antonio de
Tobías o La cárcel a la vela	Alberdi, Juan Bautista
Viajes y descripciones	Alberdi, Juan Bautista
Naufragios	Cabeza de Vaca, Alvar Núñez
Viaje a Italia	Fernández de Moratín, Nicolás
Noche de venganzas	Martínez de Velazco, Eusebio
Recuerdos de viaje por Francia y Bélgica	Mesonero Romanos, Ramón de
Viajes	Miranda, Francisco de
Memoria de un viajero peruano	Paz Soldán y Unanue, Pedro
Viaje a las ruinas de Pesto	Rivas, Ángel Saavedra, Duque de
Viaje al Vesubio	Rivas, Ángel Saavedra, Duque de
Viaje por Europa	Sarmiento, Domingo Faustino
Viaje del Cuzco a Belén en el Gran Pará	Valdez y Palacios, José Manuel

CPSIA information can be obtained at www.ICGtesting.com
Printed in the USA
LVOW07s1510020615

440866LV00001B/148/P